Man sagt und liest immer wieder,
ein Trader dürfe nie zum Regel-Abenteurer werden,
obgleich sich das Leben als Trader
zu Beginn meist nach frühlingshafter Aufbruchstimmung,
nach einer immerwährenden Brautzeit anfühlt
und Körper und Kopf des Traders sich sicher sind,
diese Lust auch künftig stets spüren zu werden.
Aber wie soll ihm das gelingen?
Ist es doch, wenn wir ehrlich sind, so,
dass im Trading der Übergang vom Abenteuer zum Gefühl der Langeweile
ungefähr der gleiche ist wie der Übergang
vom wilden Ungestüm eines jungen Menschen
zu der höheren Besonnenheit des Erwachsenen.
Sie bleibt so lange eine lächerliche Vorhaltung,
bis man sie mit einem Mal selbst hat.

Michael Voigt

Campello Verlagshaus GmbH
Steinweg 17-19
98527 Suhl

TEL: 0049 3681 4544690
FAX: 0049 3681 727899

www.der-haendler.com

Das FSC-zertifizierte Papier Munken Lynx
aus dem Campello Verlag liefert Schneidersöhne.

2. überarbeitete Auflage Oktober 2010
Deutsche Erstausgabe Januar 2009

Umschlagillustration: D. Lieske
Umschlaggestaltung: B. Günther

Druck und Bindung: Druckerei Beckmann

Printed in Germany

ISBN 978-3-941577-01-5

Für meine Familie

und für alle stillen Kämpfer
hinter den Monitoren dieser Welt,
die zwischen den Zeilen dieser Buchserie lesen.

VORWORT

Die Wunder und Abenteuer des Tradings, ob spektakulär oder alltäglich, bieten schon immer ein Fenster zum Glauben und Hoffen. Die Erfahrung von Staunen, Furcht und Faszination, die so manchen Trader überkommen kann, wenn er außer Atem die Positionsveränderung anstarrt oder nachts vor Grübelei, Zorn oder Freude kein Auge zu bekommt, ist die Erfahrung, die zu Recht »die Erfahrung mit dem eigenen Ich« genannt wird. Manch eine Stimme behauptet sogar, dass der Teil eines Traders jenseits von Fachwissen und Regelwerken fast manchmal schon un- oder übernatürlich ist. Manch andere hingegen schütteln bei solchen Aussagen lächelnd den Kopf.

Doch eine Ahnung dessen, wie es wohl nun wirklich sein mag, solch ein »Hobby« kennenzulernen, bekommen wir nur durch die überwältigende, süchtig machende Erfahrung des Staunens über einen Live-Chart.

Schon immer streiten Neulinge in der Materie darüber, wie man – die einen mit, die anderen ohne in dummes Geschwätz abzudriften – die Marktbewegungen am angemessensten, genauesten, widerspruchsfreiesten, systematischsten und perfektesten analysieren kann. Mitunter enden solche Diskussionen in solchem unpraktischen Irrsinn gleich dem Streit darüber, wie viele Engel wohl auf einer Nadelspitze Platz finden. Was wohlgemerkt so ganz uninteressant auch wieder nicht ist.

Stellt sich die Frage, ob es eine allgemeingültige Theorie oder eine Art »visuelle Ästhetik« für die *einzig richtige* Wahrnehmung von Charts gibt. Wohl kaum. Sicher ist nur, dass beim Betrachten von flackernden Charts nur das erkennbar wird, was vertraut ist: ein paar Trendlinien, vielleicht ein *Punkt 2* oder eine lang gezogene Korrektur hier und eine *zügige* Bewegung, der niemals überwindbare Widerstand, vielleicht die todsichere Unterstützung irgendeiner tollen Kursmarke oder eines der bekannten Muster aus Candlestick & Co. oder, nicht zu vergessen, ein Signal aus dem riesigen Universum der Zauberindikatoren. Und dennoch: Diese Handelsregel, denkt man manchmal, wäre vielleicht ganz gut, aber ist es auch die meine? Ist diese Wahrheit über den Börsenhandel, die ich kennengelernt habe, denn auch meine Wahrheit? Deren Einstiege, Stopps, Setups und vor allem deren verführerische Musterbeispieltrades, die zum Folgen locken und in die man sich stürzt – ist das tatsächlich mein Stil oder entpuppt sich dies doch vielleicht nur als eine Verirrung, ein nebliger Hauch, der ungreifbar auf meinen noch verborgenen Handelsstilen ruht?

Es sind die fertigen Einteilungen und Formen des Tradings, die oftmals Misstrauen hervorrufen, aber dennoch ihresgleichen suchen und denen man sich als Trader keineswegs entziehen kann. Denn wir alle sind Menschen und mit der vorgegebenen Prägung ins Leben geschickt worden, fertige Ideen zu bewundern und anzuerkennen. Wir lesen und beschäftigen uns gerne mit logischen und rationalen Tradingideen, finden aber seltsamerweise nicht unbedingt Gefallen an ihrer Verwirklichung.

Aber wäre es denn unmöglich, aus den vielfältigen, detaillierten Formeln und dem filigranen Geflecht von Logiken und verworrenen Regelwerken *seinen Stil* zu kombinieren? Oder ist es lediglich einfacher zu sagen: Ich warte nur noch diesen einen Trade ab, vielleicht wird es der Mega-Monster-Trade … und die ganze »sch…« Stilsache erübrigt sich.

Zum Glück handelt es sich bei der Technischen Analyse um ein amorphes, seine Gestalt je nach Betrachtungswinkel wandelndes Konzept, das die unterschiedlichsten Interpretationen zulässt und dennoch immer auf denselben Ursprung – Bewegung, Korrektur und das Wechselspiel der Marktteilnehmer im Kontext ihrer Zeiteinheiten – zurückzuführen ist. Jeder Trader wird deshalb früher oder später sein Regelwerk finden – finden müssen.

Im Großen und Ganzen stellt diese Buchreihe einen außerordentlich beharrlichen Versuch dar, klar zu denken. Und ich glaube, dass sich mancher Leser darüber freuen wird, diese Diskussion sozusagen belauschen zu können. Daher habe ich es auch in diesem Band für lohnend gehalten, nicht nur die technische Sichtweise des Börsenhandels auszudrücken, sondern auch hier wieder die Diskussion über die mentale Sichtweise aufzunehmen, wie sie innerhalb von erfahrenen Tradern geführt wird. Das alles macht diesen zweiten Band – wie auch die gesamte Buchserie – eher zu einer Einladung und weniger zu einem Traktat oder einer Vorlesung. Sie geht schlichtweg von gemeinsamer menschlicher Erfahrung und Vernunft aus. Es empfiehlt sich daher nach wie vor eine spezielle Auslegung – die Romanform. Doch dabei möchten diese Zeilen sein wie jemand, der versucht, seinen Freund dazu zu bewegen, an seinem Lieblingsmusikstück Gefallen zu finden oder ihm begreiflich zu machen, warum er von einem bestimmten Gemälde schwärmt.

Und somit fangen wir wieder an, das Trading zu erforschen, die seltsame Hartnäckigkeit der Unvernunft zu verstehen, mit der es den Globus der Börsen umspannt. Wir wollen ihm erneut auf die Schliche kommen!

Zudem könnte es sein, dass auch diese Geschichte wieder mit Ihrem Trading – lieber Leser – das ein oder andere zu schaffen hat …

Danksagung

Den vorliegenden Band zu schreiben, war mir ein Vergnügen. Was nicht heißen soll, dass es keine Arbeit war – aber eben sehr angenehme Arbeit.

Selbstverständlich hatte ich auch Hilfe. Die meisten, die mir geholfen haben, haben dies unwissentlich getan – indem sie mich dazu ermuntert und angetrieben haben, den Blick über den Chart-Monitor hinausgehen zu lassen und Sinn in der Gesamtheit des Tradings zu finden. Zwangsläufig am meisten angetrieben haben mich dabei Gespräche mit Kollegen in entspannter Runde nach Feierabend; doch auch manch Seminarteilnehmer und andere Trader haben in dieser Hinsicht mitgewirkt. Dank an euch alle.

Ein besonderes Wort des Dankes geht an meine Assistentin Frau Posselt, die den Text geduldig getippt und korrigiert hat und sich auch dann noch hartnäckig weigerte zu meutern, als wir abermals von vorn anfingen. Dank geht auch an H. Aderhold, H. Boettger und Frau Braun. Holger danke ich für die Suche nach dem Sinn von »Plitsch, Platsch …«. Erdal, auch dir vielen Dank für deine Hinweise und alles Gute für dein Projekt.

Was bisher geschah ...

Das Große Buch der Markttechnik

Alles war eigentlich so, wie es sich Philip erträumt hatte: Er wusste, was eine Aktie war, am Terminmarkt long und short gehen konnte er auch und mit Technischer Analyse kannte er sich ebenfalls schon ein bisschen aus. Alles eigentlich perfekt! Doch als Philip sein Praktikum in einem Handelsbüro begann, merkte er, dass da irgendwas nicht stimmen konnte! Denn: Immer, wenn er in den Markt ging, machte der genau das Gegenteil von dem, was er sich vorstellte.

Doch mit den Jahren seiner Ausbildung änderte sich alles: mehr Fachwissen, mehr Logiken, weniger mentale Verfangenheit. Mit Witz, ungestümen Emotionen und vielen Denkübungen schlug sich Philip durch den Dschungel des markttechnisch orientierten Tradings. Als Reiseführer dienten ihm einst, wie auch heute noch, seine Kollegen Hofner und Sander. Mit dem umfangreichen Wissen der beiden und den Abhandlungen über Markttechnik im aktiven Börsenhandel gelang es Philip, seinen Weg zu finden.

Nun, Jahre später, bekommt Philip die Chance, selbst ein Reisebegleiter für den neuen Praktikanten Stan zu sein ...

DER HÄNDLER – Band 1

Durch seine lange Ausbildung lernte Philip sich selbst nach und nach kennen. Dabei sind die Trades, an die er sich erinnert, mindestens so unheimlich wie manchmal die Gegenwart. Die Suche nach weiterer innerer Reife, Duplizierbarkeit und Beständigkeit wird Philip an diesem Tag zum grotesken Abenteuer. Ein zufälliges Treffen mit einem anderen Trader wirft ihn aus der Bahn. Ecki hat durch sein unüberlegtes Trading innerhalb kürzester Zeit nicht nur sein Geld, sondern auch seine Familie und das schöne Haus verloren. Philip musste irgendwie der Frage nachgehen, ob ihm das auch passieren könnte, und kam an dem Abend vor dem Abflug nach Bangkok auf erstaunliche Erkenntnisse.

Michael Voigt

Band 2 von 8

DER HÄNDLER

BÖRSENHANDEL FACHROMAN

Lieber einen Monat in der Hölle,
als einen Tag Trader sein.

Campello Verlagshaus

Auszug aus Hofners Tagebuch:
»… jeder Trader wehrt beständig den eindringenden Kontoverlust ab.
Zuletzt muss dieser siegen,
denn 90 % der Trader fallen ihm
– oft schon kurz nach der Kontoeröffnung – anheim
und er spielt nur eine Weile mit seiner Beute,
bevor er sie endgültig verschlingt.
Der Trader setzt indessen sein Trading
mit großer Beflissenheit und Sorgfalt so lange wie möglich fort,
so wie man eine Seifenblase so lange und groß wie möglich aufbläst,
gleichwohl mit der festen Gewissheit, dass sie platzen wird.«

Die Tachonadel des Taxis zitterte sich über 120 km/h, während es mit Philip inmitten des Sonnenaufgangs Richtung Flughafen fuhr. Die Sonne färbte den Himmel rosa, sodass er sich nun wie Zuckerwatte in den Dächern und Fenstern spiegelte. Ein paar Wolkenfetzen hingen über dem Horizont, ansonsten war es klar. Die Luft hatte die kühle Frische eines neuen Anfangs nach der Ruhe der Nacht. Philip blickte mit verschlafenen Augen in den erwachenden Tag.

Ihm schossen immer wieder die gleichen Bilder durch den Kopf: der sinnlose Minustrade von gestern; der vergessene Stopp und vor allem das Ärgernis, es besser gewusst zu haben. Und natürlich das Treffen mit Ecki.

– *Mannomann, so viele Seminarstunden, und trotzdem ist Ecki pleite. Himmelherrgott …*

Als Philip bewusst aus der Seitenscheibe des Taxis blickte, sah er wie jeden Morgen nichts als konzentriertes Unglück. – *Seufz*. Es war eine Tatsache: Je früher man aufstand, desto unglücklicher waren die Mitmenschen, die man traf. Das ist so, weil vor sechs Uhr kein normaler Mensch freiwillig irgendwo hin will, überlegte Philip. Weil alle müssen. Weil sie vor ein paar Jahren einen Vertrag unterschrieben haben, in dem steht: Arbeitsbeginn sechs Uhr. Und jetzt fahren sie Tag für Tag, Woche für Woche, Monat für Monat, Jahr für Jahr von A nach B, bevor der Tag überhaupt richtig beginnt.

Philip war froh, ein Berufshändler geworden zu sein. Dennoch war ihm bewusst, dass er jeden Tag nur eine einzige falsche Entscheidung davon entfernt war, ebenfalls um sechs Uhr an der Bushaltestelle zu stehen. Das war so, das ist so und das würde auch immer so bleiben: Der eine Trader stand schneller an der Bushaltestelle, bei dem anderen dauerte es länger. Während beim Anfänger mitunter ein einziger Trade reichte, damit der Wecker ab sofort wieder in aller Herrgottsfrühe klingelte, entschied beim erfahrenen Trader etwas anderes darüber, wann der »Wecker der Fremdbestimmtheit«

diesen aus der Kuschelmulde holte. Hier zählte nicht das angeeignete Wissen, sondern es kam auf die daraus resultierenden Entscheidungen an. Das Bindeglied zwischen beiden war, wie sollte es anders sein, die Disziplin. Sollte sie nicht vorliegen, so mochte man zwar tolle Regelwerke haben, traf aber dennoch letztendlich Entscheidungen wie ein fachlich unversierter Anfänger. Dementsprechend konnte jeder Tradingtag der letzte sein, und am darauf folgenden hieß es wieder sechs Uhr früh: *Ring-ring-ring*, aufstehen!

Das Taxi passierte ein erwachendes Dorf und befuhr die steile Landstraße in Richtung Autobahn. Ein Austräger stopfte bereits die neuesten Werbenachrichten in die Briefkästen der Dorfbewohner, ein Müllauto sammelte die weggeworfenen Reste der Zivilisation ein. In der lang gezogenen Rechtskurve der Autobahnauffahrt musste Philip gähnen. Obwohl sich alle darin einig sind, dass das Leben eines durchschnittlichen Tradinganfängers aus einem herben Verlust nach dem anderen bestand, sprachen nur wenige darüber, dass in den späteren Jahren eines fortgeschrittenen Traders der schlimmste Verlust der einer gut durchgeschlafenen Nacht ohne Gedanken rund um den Markt war.

Philip hatte diese Lektion in den letzten Jahren nur allzu gründlich gelernt. Einst vergingen die Nächte nach halsbrecherischen, von Aktionismus getriebenen Trades mit oberflächlichem Dösen, das fast nie die Sphäre des tiefen, gesegneten Schlummers erreichte; er wachte nachts so häufig auf, dass er oft Angst davor hatte, überhaupt ins Bett zu gehen. Wie die meisten an Schlaflosigkeit leidenden Tradinganfänger hatte er am Morgen das Gefühl, viel weniger geschlafen zu haben, als es tatsächlich der Fall war; oder die ganze Nacht wach gelegen zu haben. Oft konnte er nur feststellen, dass er überhaupt geschlafen hatte, indem er seine nächtlichen Gedanken einer sorgfältigen Prüfung unterzog und erkannte, dass er in wachem Zustand nie so ausführlich über derart bizarre, irrationale Dinge nachgegrübelt hätte.

Aber heute Morgen wusste er überhaupt nicht, wie lange er effektiv geschlafen hatte. Die Idee eines fliegenden Tradingbüros mit dem Namen »Air-Trade-Force Number One« musste aus dem Reich der Träume stammen; seine sonstigen nächtlichen Gedanken, vor allem jene, die sich mit Ecki beschäftigten, waren im dazwischenliegenden Niemandsland angesiedelt, denn sie besaßen weder die Klarheit und Zielstrebigkeit des vollen Bewusstseins noch die schrullige Launenhaftigkeit von Traumbildern.

Während der Taxifahrer an der Steigung zügig eine Kolonne schnaufender LKW überholte, schloss Philip die Augen. Das half ihm dabei, sich noch einmal die nächtlichen Fantasien und Bilder beim Einschlafen ins Gedächtnis zu rufen. Besonders die Geschichte um den ruinierten Ecki, dessen Handelstage im Büro und das gestrige zufällige Treffen wollte er sich nochmals vor Augen führen.

Heiliger Bimbam, und erst dieses vorwurfsvolle Telefonat: »... ihr hättet mich doch vom Trading abhalten müssen!«

Philip hatte immer gedacht, Börsenhandel sei grundsätzlich jedem vermittelbar. Doch dann kam Ecki, bewies anscheinend das Gegenteil und warf ihn damit völlig aus der Bahn. Vielleicht war Ecki ja der Beweis dafür, dass mancher Trader zu Beginn dem falschen Mythos huldigt: schnell ein paar Coachingstunden, ein, zwei Fachbücher und dann ab in ein ruhiges Leben, nur noch ein paar Mausklicks am Tag, um schließlich als Folge dieses Irrglaubens Vermögen, innere Ruhe und die Familie aufs Spiel zu setzen. Philip wusste aus eigener Erfahrung, dass bei vielen Tradinganfängern aus den unschuldigen Anfängen und der Munterkeit von einst ein knallhartes Fangen- und Versteckspiel mit den Chartverläufen und dem Bau von emotionalen Festungen wurde. Sie gingen unbelastet ran, dann kam Argwohn ins Spiel und das zu Beginn so leidenschaftliche Feuer verlor im Lauf der folgenden Monate und Jahre an Intensität, das Dasein als Trader wurde unerbittlich komplizierter. Schließlich stellte man fest: Die Zeit vor dem Trading war die beste des Lebens gewesen. Philip dachte an die vorwurfsvollen Worte Eckis, man hätte ihn vom Trading abhalten sollen, man habe doch schließlich seine Misserfolge gesehen. Doch er musste Hofners Ansicht Recht geben: Was hätte der Versuch genützt, Ecki vom Trading abhalten zu wollen? Er hätte es dann doch erst recht weitergeführt.

Philip merkte, dass er mit seinen Gedanken nicht so recht vorankam. Er war wohl einfach noch zu müde und unausgeschlafen und die wegen der morgendlichen Kühle im Taxi laufende Heizung machte zusätzlich schläfrig. Philip fiel in einen tiefen, 154 km langen Schlaf.

»Äh ... 'tschuldigung! 244,50 Euro!«, riss der Taxifahrer Philip aus seinen Träumen und schaltete die Taxiuhr aus.

Philip kramte verschlafen sein Geld hervor. »Danke für die ruhige Fahrt. Stimmt so und einen schönen Tag noch!«

07:44 Uhr. Philip stand rechtzeitig neunzig Minuten vor Abflug am Flughafen, genau genommen in der Schlange am Schalter 18, und beobachtete hier Menschen mit verquollenen Augen und hochgezogenen Schultern, die durch das Flughafengebäude stolperten und darauf warteten, von einem ganz wichtigen Termin zum anderen, noch viel, viel wichtigeren zu jetten. Aber er sah auch Menschen mit bunten Rucksäcken, blassen Gesichtern und einem fröhlichen Grinsen, die es offenbar kaum erwarten konnten, von den verschiedenen Airlines in riesigen Jumbojets in den Urlaub gerüttelt zu werden. Er selbst war irgendwo zwischen diesen beiden Gattungen angesiedelt. Er jettete zwar zu einem Termin, trug aber trotzdem einen bunten Rucksack und ein Lächeln.

Nachdem er eingecheckt und den Zoll passiert hatte, saß Philip in einem dieser knallbunten Flughafenbistros, schlürfte einen überteuerten Kaffee und knabberte an einem Croissant herum. Mit dem Ticket in seiner Brusttasche hieß es jetzt nur noch, auf den Aufruf des Fluges zu warten. Leider gab es am Schalter kein Upgrade mehr auf die First Class, und Philip bedauerte es umso mehr, dass die Reise nach Bangkok so kurzfristig angesetzt worden war. Zu diesem Zeitpunkt war die First Class bereits komplett ausgebucht gewesen. Business ist zwar nicht ganz so bequem, aber dafür kommt man eher mit anderen Leuten ins Gespräch, tröstete sich Philip, nicht wissend, dass er genau deshalb sechstausend spannende Flugmeilen vor sich haben würde.

»Willkommen bei den Märkten am Morgen ...«, tönte es aus den beiden riesigen Fernsehern an der Decke des Bistros, und die Moderatorin stimmte ihre n-tv-Gemeinde auf die Highlights des Tages ein.

Hin und wieder hörte sich auch Philip vor Handelsbeginn fundamentale Eckdaten zu Aktien an, denn sein Interesse, aus irgendwelchen Schlagzeilen des Tages ein paar ernstliche Gewinner herauszufiltern, hatte sich nicht verändert. Er kombinierte gerne, zufällig erhaltene Fundamentaldaten – er hatte ja nicht primär danach gesucht – mit seinen Erkenntnissen zur Markttechnik, mittels derer er sich in Trendkorrekturen positionierte, Verluste sofort entsprechend abblockte und die Gewinne je nach Handelsausausrichtung des Trades laufen lassen konnte.*

Während auf der riesigen Anzeigetafel neue Flugnummern hereinrasselten, nutzten die drei Herren am Nachbartisch die verbleibende Zeit bis zum Boarding offenbar, um sich in Börsenstimmung zu reden. Mit Blick auf die großen Fernsehmonitore, auf denen die Moderatorin nach wie vor Deutschlands Aktiengemeinde auf einen spannenden Börsentag einstimmte, jagte, von der Sendung inspiriert, jetzt eine Börsenanekdote die nächste.

»Wisst ihr noch, als wir die EM-TV bei 25 Euro ...?«, lachte einer der drei Burschen. Er hatte auffallend lichtes Haar.

»Oh ja, das Sch... Ding stand dann irgendwo bei tausend Euro«, kicherte der andere, etwas jüngere mit ebenfalls lichtem Haar.

»Ich hab's gewusst! L-E-U-T-E, ich hab's gewusst! Echt, das war klar! S-o w-a-s v-o-n k-l-a-r ...«, fügte nun der offensichtlich älteste der drei hinzu und sprach dabei so verschwörerisch wie ein Astrologe.

Philip verdrehte die Augen. *Ich hab's doch gewusst. Ich hab's gewusst.* Wie er solche Bemerkungen liebte. *Ja, mein Gott, warum hast du denn dann nicht den Millionenkredit aufgenommen und es gemacht!?* Aber warum unnötig aufregen, denn die Antwort wäre die übliche: »Na ja ..., aber ..., ich konnte nicht ..., weil ... blablabla.«

»Oder wie ich fast mein ganzes Geld in der Intershop-Aktie verloren habe?«, kicherte der Jüngere mit dem lichtesten Haar.

* Ausführliche praktische Hinweise hierzu sind in DER HÄNDLER Band 4 und 5 nachlesbar.

Philip war nicht ganz klar, was für eine Art von tollem Börsenerlebnis das sein sollte, bei dem man fast sein ganzes Vermögen verloren hätte.

»Das war klar, dass die so weit runter musste … Leute, ich hab's euch gesagt. Wisst ihr noch … Herrgott, ich-hab-es-euch-gesagt«, tönte der Astrologe erneut.

– Klar. Und warum hängst du dann hier am Flughafen rum und fliegst nicht mit deinem eigenen Jet durch die Kante? – He?

Au Mann, dachte Philip, die Welt, vor allem aber das Internet, war voll von solchen »Wir haben es gewusst …«-Darstellungen von häufig selbsternannten Börsengurus und -yogis, die ihre eigenen Erklärungen dafür boten, warum sie im Börsenhandel und natürlich auch im ganzen Leben so viel erreicht hatten. Nicht immer, aber allzu oft, so wusste Philip, konnte man diese Botschaften jedoch mit dem Ausdruck *zur richtigen Zeit am richtigen Ort* und den daraus zu ziehenden Schlussfolgerungen relativieren.

Nachdem nun eine andere Moderatorin auf den riesigen Monitoren den gestrigen Tag am Frankfurter Parkett zusammenfasste, was für Philip nach dem gestrigen Tag schon schmerzlich genug war, musste nun auch der ältere der beiden Lichten-Haare-Kerle in das Horn blasen. »Weißt du noch, gestern 14:30 Uhr? W-O-W, war das ein Anstieg …!«

Philip wusste es noch genau. Dieser Anstieg hatte ihn schließlich um die 20.000 Euro gekostet. Dass der gestrige Tag für ihn nicht das bei Weitem schlechteste Tagesergebnis der letzten Monate aufwies, war ihm dabei nur ein schwacher Trost. *Herrgott, wie kann man nur vergessen, seinen Stopp zu setzen! Man!* Eine von Philips größten Schwächen und eine der größten Schwächen der meisten Trader war die Unfähigkeit, sich selbst nach etwas anderem zu bewerten als nach dem letzten Trade; und Philips letzter Trade gestern stank nun mal zum Himmel. Aber was ist die Maßeinheit für erfolgreiches Trading? … Geld? … Freizeit? … Freiheit? ... Beständigkeit? … Nachvollziehbarkeit? … Anzahl der Trades? … Anzahl der Bildschirme? … Innere Ausgeglichenheit?

Währenddessen ging die Unterhaltung am Nachbartisch munter weiter, und ein paar Sätze später wusste Philip, dass zwei der drei denselben Vornamen hatten: Bernd. Und dass sie nicht wirklich leicht auseinanderzuhalten waren. Aber das war nicht schlimm, weil der einzige Unterschied zwischen Bernd und Bernd darin bestand, dass der Erste eine große rote - *13* - und der Zweite ein großes - *L* -, für was auch immer das stand, auf dem T-Shirt hatte.

»Hört mal, die Bio-Test AG hat schon wieder Zahlen rausgebracht«, sagte Bernd *13* und las laut aus seinem Börsenmagazin vor: »Bio-Test AG hat die Umsatz- und Ergebnisprognose für das laufende Jahr deutlich angehoben. Das Management erwartet für das kommende Jahr einen Umsatz in Höhe von 420 Mio. Euro, nach 326,4 Mio. Euro im Vorjahr. Das Ergebnis vor Steuern und Zinsen (EBIT) soll um 20 % … Das Kursziel liegt bei 50 Euro!«

»Kursziel *50 Euro* steht da?«

»Ja. Die Jungs haben es drauf«, kicherte Bernd *13* und erinnerte an den kurzen Fernsehbeitrag.

»Dort hieß es auch, dass das Kursziel von 50 Euro bereits weit überschritten wäre.«

Stimmt, erinnerte sich Philip, vor zwanzig Minuten hatte n-tv einen kurzen Beitrag zu dieser Aktie gebracht und daraufhin einen Chart eingeblendet, der einen markttechnisch definierten Aufwärtstrend wie aus dem Bilderbuch aufwies. Lokal ansteigende Hochpunkte folgten lokal ansteigenden Tiefpunkten. Die Aktie hatte ihr lokales Hoch so um die 90 Euro und kam momentan zurück. Gewinnmitnahmen. Korrektur. Geiler Chart, dachte Philip noch. Ideale *Long*-Position auf Tagesbasis für den Trendhandel mit Stopp unter dem letzten lokalen Tief. Dem *Punkt 3*.

»Die Aktie steht jetzt bei 75!«, informierte Bernd *13* seine Freunde ganz aufgeregt.

»Kursziel 5-0 E-U-R-O?«, fragte der Habs-doch-gewusst-Astrologe sicherheitshalber noch mal nach, woraufhin er nach einem bestätigenden Nicken der beiden und einem kontrollierenden Blick auf den Artikel zu der Aktie spontan sagte: »Na, dann lasst uns doch den Urlaub fix wieder reinholen!«

– He? *Urlaub fix wieder reinholen? Du lieber Himmel!*

Philip wurde immer hellhöriger, und während Bernd *13* in seinem Rucksack kramte, nach einer Broschüre griff und gezielt darin herumblätterte, rutschte Philip, von den dreien unbemerkt, ein paar Zentimeter näher an sie heran. Den vielen Spalten nach zu urteilen, musste das irgendein Optionsscheinmagazin sein.

»Welchen Schein? Den mit vier Wochen?«, Bernd *-L-* hielt Bernd *13* das Heft unter die Nase und deutete auf eine Zeile. »Oder nehmen wir lieber den mit fünfzehn Tagen Restlaufzeit?«

»Mhm ... auch nicht schlecht«, stellte Bernd *13* nach einem prüfenden Blick fest.

Philip konnte noch nicht beurteilen, ob das Trio sich auskannte mit dem, was es da tat. Im Moment wusste er nur, dass sie offenbar einen Optionsschein auf die Aktie kaufen wollten, denn laut des ersten Magazins hatte die Aktie ein Kursziel von 50, stand aber aktuell bei 75 Euro.

»Wir nehmen den unteren. Der kostet nur zehn Cent.«

»Hast Recht, der ist billiger.«

He? Billiger?

Philip betete, dass das Trio bei der Aussage »teuer« oder »billig« das Bezugsverhältnis beachtete.

»Her-zei-gen!«, schaltete sich nun der Habs-doch-gewusst-Astrologe ein und drehte das Magazin zu sich. »Okay. Los, den nehmen wir«, entschied er.

Philip hoffte, bei seinem Lauschangriff noch einen Satz zum Basispreis und dem Delta aufzuschnappen, denn schließlich konnte er ja kaum rübergehen, den dreien die Zeitung aus den Händen reißen und selbst hineinschauen und, wenn es der falsche Schein war, den beiden Bernds und dem Habs-doch-gewusst-Astrologen das Magazin um die Ohren hauen und sich wieder zurück an seinen Platz setzen.

Was nun abging, war schon seltsam. Alle drei zückten ihre Handys und riefen offenbar ihre Banken an.

»Ich hätte gern eine Order aufgegeben«, hauchte der Astrologe in sein Handy.

Bernd *13* war scheinbar bei einer anderen Bank, denn dieser wurschtelte sich per Tastendrücken durch ein Ordermenü.

»Ich nehme 2.500 Euro«, raunte Bernd *-L-* den anderen zu und bedeckte dabei den Lautsprecher seines Telefons mit der Hand.

»Mein derzeitiger Schein läuft super. Wenn ich den gleich noch verkaufe, dann kann ich 4.000 Euro nehmen«, triumphierte der Astrologe.

»4.000?« Bernd *-L-* war sichtlich begeistert von dem Mut, den sein Freund bei diesem Trade an den Tag legte. »Gut. Ich auch!«

Bernd *13* blickte auf. Irgendwie fühlte er sich wohl als Loser. Ein Stöhnen, ein Kopfkratzen und ein »Okay, okay …« ließen Philip annehmen, dass er nun auch 4.000 Euro einsetzte.

»Einer für alle, alle für einen …«, wollte Philip am liebsten rüberrufen, unterließ es dann aber; denn Mut und Klugheit von Athos, Porthos und Aramis waren wohl nicht mit dem Trio am Nachbartisch gleichzusetzen. Und so ließ Philip die Musketiere Musketiere bleiben und die Bernds Bernds. Philip hatte keine Ahnung, ob das Trio *Calls* oder *Puts* gekauft hatte und vor allem nicht, auf welche Idee der Trade sich berief. Er konnte auch nicht unterscheiden, ob aus Fachwissen heraus getradet wurde oder ob die drei sich dem allgemein bekannten Zocken zugehörig fühlten. *Okay, okay.* Die Börse macht in der Auszahlung der Gewinne und dem Einzug der Verluste diesbezüglich keine Unterschiede. Während der eine Trader das Plus oder Minus eines Trades mit fachlichen Fähigkeiten beschreiben konnte, galt es bei dem anderen eher als Glück. Man könnte vielleicht auch sagen: Das eine war Zufall, das andere Bestimmung.

Philip wusste nach seinen Lehrjahren mittlerweile sehr wohl zwischen Wahrscheinlichkeit und Sicherheit auf der einen und Glaube und Mutmaßung auf der anderen Seite zu unterscheiden. Kurz und knapp: Er wusste, ob ein Trade einer Prognose oder einer Prophezeiung entstammte. Wenn es einen Grund für die Verwechslung der beiden Begriffe gab, dann den der Unfähigkeit mancher Menschen, kritisch zu denken – es machte so manchem Trader anscheinend richtiggehend Spaß, Mutmaßungen als

Wahrheiten zu verkaufen. Auf diese Weise fassten viele Tradinganfänger, ohne sich etwas dabei zu denken, schnelle Entschlüsse, die sie oft später in endlosen Stunden bitter bereuten. Hier irgendwo steckte vermutlich eines der vielen Dilemmas aller Tradinganfänger: Sie waren in der Einbahnstraße der schnell vergehenden Zeit und Charts gefangen; durch die vom Chart kreierte Spannung unfähig, mal für einige Minuten, besser Stunden, aus sich herauszutreten, um ihr Trading aus einem umfassenderen Blickwinkel zu überschauen. Nicht das *Bewusstsein* über die noch kommenden Tradingmöglichkeiten war somit das Problem, sondern eher der *Mangel* eines solchen Bewusstseins. Bei solchen Tradern bestand der Tagesablauf aus einer rasanten Folge zahlreicher Tradingentscheidungen, über die wenig oder gar nicht reflektiert wurde, da das *Hier und Jetzt* wichtiger war als der beruhigende Gedanke, dass es auch noch ein »Morgen« an der Börse gab. Der Börsenhandel bot dem Trader leider keine Pralinenschachtel an, sondern immer den Griff in eine Glückstrommel mit unzähligen fest eingewickelten Losen. In manchen steckte ein Gewinn, in anderen eine Minibombe. Und doch griffen gerade die Tradinganfänger meistens vollkommen gedankenlos hinein.

Philip linste zum Nachbartisch hinüber. Ihm schwante, dass die Jungs das *Spiel der Spiele* aus den Reihen der Zocker spielten. Diesmal hatten sie wahrscheinlich ein tickendes Päckchen gezogen und es in ihrem Depot verstaut, wo es später detonieren würde.

»Hab den Schein zu 0,11 Euro bekommen«, quietschte Bernd *13* entzückt, und Bernd *-L-* bestätigte mit einem Handzeichen auch seinen Kauf.

»Meine Bank ruft *gleich* zurück«, wusste der Astrologe natürlich im Voraus, und schon klingelte sein Handy.

»Ja?« Er hatte mittlerweile sein Headset auf. »Ja. Wirklich?« Bernd *13* schnitt Grimassen; er wollte vom Astrologen durch Zeichen wissen, was los war. Aber der Astrologe starrte konzentriert nach oben auf den riesigen Bildschirm über ihnen. Endlich schaute der Astrologe die beiden Bernds an und ein Lächeln umspielte seine Mundwinkel. »Ich hab die Scheine auch zu 0,11.«

»Das wird ein *genialer* Urlaub ...«, sagten alle Musketiere zeitgleich. Sie prosteten sich zu: »Auf dass die Scheiß-Aktie auf 50 *fällt!*«

Hmpfh ...

Wie war das?

WIE WAR DAS? Die Aktie soll F-A-L-L-E-N?

Philip gefror das Lächeln im Gesicht. Er hatte gehofft, dass die Jungs einen *Call* kaufen und auf eine Fortsetzung des Anstiegs spekulieren würden. Aber *einen Put* in einem stabilen Aufwärtstrend innerhalb einer fortgeschrittenen Korrektur? – *Eieiei.* Hoffentlich ist der Basispreis wenigstens so hoch, dass ihre Einsätze nicht mit null ausgebucht werden, dachte Philip und versuchte, sich von dem Schreck zu erholen, als er auch schon die für diesen Trade tödliche Information bekam.

»Besser, sie fällt nicht nur auf 50, sondern gleich auf 40«, prostete Bernd *13* den anderen zu. »Dann kommt sie an ihren Basispreis ran.«

Autsch …

Philip verschluckte sich so sehr an seinem Kaffee, dass es auch das Trio mitbekam. Mit Handzeichen gaben sie ihm zu verstehen, es wäre besser, langsamer zu trinken.

Sicher doch. Sicher.

Philip war geistreiche Überlegungen zu Trades gewohnt; aber der Trade am Nachbartisch war absurd. Diese paradoxen Aussagen ließ das Trio unreif erscheinen und erregten in Philip das Bedürfnis, diese Jungs auf den Ernst der Wirklichkeit hinzuweisen, der dem großen Unternehmen Trading sowohl Würde als auch Verantwortung verlieh. Das Trio spekulierte innerhalb eines stabilen Aufwärtstrends auf fallende Kurse! Das wäre, mit tausend zugedrückten Augen, einem Tradinganfänger, und *nur* dem, ja noch zu verzeihen, sofern die Aktie gerade neue Hochpunkte erreicht hatte und man daher nun auf die einsetzende Korrektur hoffen konnte. Aber innerhalb einer bereits erfolgten Korrektur auf einen weiter fallenden Markt zu setzen? *Mannomann.* Die drei blendeten die Realität völlig aus, da sie diese scheinbar nicht kannten. So war das also mit Athos, Porthos und Aramis. Drei Mal 4.000 Euro würden mit sehr hoher Wahrscheinlichkeit ihre Besitzer von einst nicht mehr wiedersehen. Philip zog sein Tagebuch aus der Tasche und beobachtete das Trio noch eine Weile, ehe er, von diesen Anti-Musketieren inspiriert, schrieb:

Die Beobachtung der vielfältigen Unwägbarkeiten, welche die Umstände eines Kursverlaufs hervorrufen und begleiten, verbietet eigentlich jedem, trotz der gegenwärtigen Annehmlichkeiten des schnellen Tradings träge zu werden oder das Glück eines Zockers zu bewundern, welches sich im weiteren Zeitverlauf jederzeit ändern kann. Die unsichere Zukunft der Kurse mit ihren vielfältigen Möglichkeiten ist noch nicht eingetreten, und man kann nur denjenigen Zocker als wahrhaft glücklich bezeichnen, dem die Götter bis ans Ende seiner Tradingtage fortgesetztes Glück gewährt haben. Doch wer glaubt schon an ewiges Glück oder gar an Götter?
Was durch Glück gewonnen wurde, kann einem auch vom Zufall wieder genommen werden, und dies noch dazu schnell und unerwartet. Anders und aus der Sicht eines jeden Berufshändlers ausgedrückt: Trades, bei denen das Glück eine untergeordnete Rolle spielt, sind Zufälligkeiten gegenüber resistenter …

Er schaute erneut zu dem Trio hinüber und fügte schnell noch eine Notiz hinzu: *Es spielt keine Rolle, wie oft man erfolgreich ist, wenn ein einziges Scheitern unerträglich teuer wird. Wer diese Spielregel nicht beachtet, der fliegt eher früher als später raus.*

Philip ließ das Tagebuch wieder in seine Tasche rutschen, schaute auf die n-tv Moderatorin zwei Meter über ihm, dann auf das Trio einen Meter neben sich und musste, während er seinen Kaffee umrührte, durch den Nachbartisch inspiriert an seine eigene Anfängerzeit denken: Es hatte Jahre gedauert, bis er verstand, dass es Trades gab, ursächlich beruhend auf irgendwelchen haltlosen Annahmen und Trades, die ursächlich auf der wahren *Bedeutung der Markttechnik* beruhten. Oft hatte er einfach so hirnloserweise angenommen, eine Strategie oder fundamentale Aussage sei brillant, der Verfasser demnach ein Visionär und er als der umsetzende Händler ein wahres Genie, nur um hinterher, wenn er ganz, ganz ehrlich war, erkennen zu müssen, dass ein Großteil seiner damaligen positiven Trades eigentlich die Folge puren Zufalls waren. Natürlich fand er jedes Mal tiefsinnige und schlüssig überzeugende Interpretationen seiner Ergebnisse: Der Markt konnte ja nur diese eine Richtung einschlagen, weil … *bla, bla ... laber, laber.* Jetzt, Jahre später, versuchte Philip bei jedem Trade, sich nicht vom Zufall und Marktrauschen täuschen zu lassen, und konnte fast immer verhindern, sich von den mit Unsicherheiten verbundenen Emotionen austricksen zu lassen. Er würde nie wieder bereit sein, sich irgendwelchem Unsinn hinzugeben, nur weil dieser geschliffen formuliert, raffiniert, originell und geschmackvoll verpackt wurde.

Na ja.

Ein Paar mittleren Alters an einem der anderen Nachbartische, ihrem Dialekt nach aus dem hohen Norden, schaute nun ebenfalls gespannt auf das Laufband von n-tv und die aktuell eingeblendete Grafik der Gewinner des gestrigen Tages.

… *Solarworld +15 %*

… *Medion +12 %*

Der Mann zeigte auf die Bildschirme. »Sollten wir auch mal probieren, das mit dem Aktienhandel. *Manfred* hat mir neulich gesagt, es sei irre einfach.«

»Lieber nicht, das ist doch sooo gefährlich …«, steuerte die Frau dagegen, »und außerdem schimpfen doch alle drüber!«

Der Mann winkte lässig ab. »Wenn *Manfred* das hinbekommt, dann wir doch allemal«, verfolgte Philip das Gespräch, umgeben vom Menschengetümmel des Flughafens. »Wenn wir zurückkommen, gehen wir mal zur Bank und fragen nach der Rendite von Aktien. So schwer kann das nicht sein!«

»Na, wenn du meinst, Schatz …«

Oh nein!

»Leute, ihr wisst es vielleicht nicht, aber ich arbeite im Börsenhandel, also in dem Laden, über den alle ständig schimpfen. Ich übrigens des Öfteren auch. Und ich arbeite trotzdem täglich dort«, flüsterte Philip leise vor sich hin und setzte sein imaginäres Selbstgespräch mit norddeutschem Akzent fort: »Sagen Sie, haben Sie diesen einfachen, aber sehr erfolgreichen Börsenhandel, von dem man jetzt so viel spricht?« – »Das tut mir leid, den letzten erfolgreichen Börsenhandel habe ich grade verkauft!« – »Wissen Sie vielleicht, wann Sie wieder einen reinbekommen?« – »Schwer zu sagen, morgen kriegen wir wieder eine Ladung Rendite, vielleicht ist da was dabei.« – »Dann komme ich morgen noch mal!« – »Das wäre toll. Und am besten fragen Sie dann direkt Herrn Brandt, der ist für den einfachen, aber umso erfolgreicheren Börsenhandel zuständig.« – »Danke schön.« – »Gern geschehen!«

Wie gesagt: Manchmal hasste Philip seinen Job, weil er wusste, dass viele Neulinge sich nicht nur die Finger, sondern oft auch ihr ganzes Vermögen dabei verbrannten. Manchmal glaubte er ernsthaft, der Börsenhandel sei nur erfunden worden, um ganze Heerscharen mit enormen Gehältern zu beschäftigen und um eine ganze Industrie reich zu machen, die dem unwissenden Anleger den Börsenhandel als *extrem einfach* verkaufte und um deren Gelder und Herzen warb, ungeachtet dessen, dass ein Großteil dieser Anleger nach leider viel zu kurzer Zeit in der Geschäftshistorie der Börse nur noch als Fußnote auftauchte.

Philip blickte erst auf die große Anzeigetafel, dann auf die beiden Nachbartische. Gern hätte er den Jungs zu seiner Rechten, die sich gerade über die fundamentalen Details weiterer Aktien die Haare rauften, und dem norddeutschen Ehepaar zu seiner Linken erklärt, dass der Börsenhandel nicht ganz so leicht war, wie sie vielleicht dachten, und dass das Trading viel Zeit, Übung, Hingabe und schlussendlich klare Grundsätze erforderte, wenn man sein Geld nicht zum Fenster hinauswerfen wollte.

»Ihr müsst euch als Trader ein großes Maß an Selbstständigkeit erwerben!«, hätte er ihnen gerne mitgegeben. »Natürlich gibt es Hilfe, seien es Bücher, Seminare oder Coachings. Aber es darf nicht zu viel und nicht zu wenig sein, damit für jeden ein vernünftiger Anteil an selbstständiger Arbeit bleibt. Außerdem müsst ihr lernen, dass jeder Trader ab dem ersten Trade zum Autodidaktentum verpflichtet ist. Dennoch, liebe Tischnachbarn, will ich euch auch nicht glauben lassen, dass das Trading eine rein verstandesmäßige Angelegenheit sei. Denn das entspräche nicht ganz der Wahrheit. Entschlossenheit, Gefühlsregungen und ein starker Wille spielen für euch künftig eine wichtige Rolle. Laue Entschlusskraft und die schläfrige Einwilligung, ein bisschen was zu tun, mögen ausreichen für ein einigermaßen ausreichendes

Ergebnis bei einer Schulaufgabe. Aber um später beständig Geld zu verdienen, ist eine Willenskraft erforderlich, die Jahre mühsamer Arbeit und bitterer Enttäuschungen zu überstehen vermag.* Die Entschlusskraft wird von widerstreitenden Gefühlen wie Hoffnung und Verzweiflung, Befriedigung und Enttäuschung immer wieder ins Wanken gebracht werden. Aber der Lohn der Mühe wird sich einstellen. Es wird möglich sein, vom naiven Glauben zum wirklichen Wissen fortzuschreiten. Nicht hier. Nicht jetzt. Dies geht nicht sofort und auf einmal. Nicht in Wochen oder Monaten, sondern frühestens in ein paar Jahren. Aber was sind schon drei, vier Jahre? Ich denke, nichts!«

Gelächter am Nebentisch holte Philip zurück in die Gegenwart. »Los jetzt, der Flieger geht gleich«, ermahnte Bernd *13* seine beiden Freunde, worauf der Bernd *-L-* meinte, ob man nicht doch noch mal schnell nach dem Kurs des Scheines sehen sollte, woraufhin der Habs-doch-gewusst-Astrologe fand: »Schluss jetzt, wir können jetzt eh nichts mehr ändern«, womit er ja auch Recht hatte, denn anscheinend wurde für den Flug der drei gerade zum Boarding aufgerufen.

Philip konnte das Orakeln über die fundamentalen Einzelheiten, KGVs, Innovationen und Kurszielbestimmungen der einzelnen Aktien am Nachbartisch ohnehin schon nicht mehr hören und schielte nach der Boardingzeit für den von ihm gebuchten Flug. *15 Minuten – Gate 18* zeigte die riesige Infotafel rechts über ihm. Auf dem Weg zum Gate erblickte Philip in einer herumliegenden Tageszeitung in großer bunter Schrift gedruckt die Information, dass ein bekannter Starbörsianer und Massenguru demnächst in der Frankfurter Messe gastieren würde. Hunderte, wenn nicht gar Tausende von Anhängern wurden erwartet.

Himmel!

Noch 13 Minuten bis zum Boarding.

Noch wenige Tage bis zum CFD-Power-Vortrag des Aktien-Massen-Gurus.

– Ach, Freud und Leid lagen manchmal so eng beisammen …

*

Philip war sehr erleichtert, als er kurze Zeit später in die Maschine nach Bangkok einsteigen konnte. »Willkommen an Bord«, lautete die gebetsmühlenhaft freundliche Begrüßung der zu stark geschminkten Stewardessen. Scheinbar eine Einstellungsvoraussetzung der Airline. Ein Gedrängel,

* Ausführliche praktische Hinweise hierzu sind in DER HÄNDLER Band 6 nachlesbar.

schlimmer als bei einem Schulbus, begann, sodass Philip sich fragte, warum sich erwachsene Menschen nicht ein wenig gesitteter benehmen konnten.

Er fand seinen Platz neben einem Herrn so um die Ende vierzig in Jeans und hellblauem Hemd. Der Typ hatte dunkle, kurze, gestylte Haare und roch angenehm nach teurem Rasierwasser. Auf seinem Schoß lag eine zerknautschte Zeitung. Auch dem Herrn in der Reihe hinter Philip war es inzwischen gelungen, sich aus seiner Jacke zu pellen. Der Versuch, diese noch im Gepäckfach unterzubringen, stellte sich allerdings als schwieriges Unterfangen heraus, da der Mann doch um einiges voluminöser war, als er wirkte.

Mittlerweile hatten die meisten Leute ihren Platz gefunden, und das Paar in der Reihe hinter Philip begann sich zu unterhalten. Die Frau machte ein paar Bemerkungen zum bevorstehenden Flug und Philip hätte am liebsten weggehört. – *Wie war es nur möglich, dass ein einzelner Mensch so doof sein konnte?* Aber nein, stellte er erleichtert fest, die Erwiderung, die der Mann gab, klang genauso dämlich, und damit waren es schon zwei Doofe.

Philips Nachbar mit dem sportlichen Erscheinungsbild hatte ebenfalls ungewollt mitgehört und verdrehte die Augen. Verschwörerisch grinsend, deutete Philip auf eine kleine Tür, über der groß und deutlich Notausgang geschrieben stand. Der Nachbar pulte eine Schachtel mit tic-tac aus der Tasche und bot Philip davon an.

»Wegen dem Ohrensausen beim Start«, erklärte er.

»Klingt gut, danke!«, erwiderte Philip.

Philip schaute nach vorne, und sein Blick blieb plötzlich an einem Kopf, von dem er nur ein paar über die Sitzlehne ragende Haarzipfel sah, hängen. Der Besitzer dieses Kopfes fummelte schon seit geraumer Zeit an der Lüftung, probierte alle vorhandenen Knöpfe – es gab nur zwei, nämlich für jeden Sitz einen Lichtschalter – und versuchte sogar, die Lämpchen auszuschrauben. Weiß der Himmel, was der Bursche sich unter dem Knopf für eine Funktion ausmalte.

Die Stewardessen begannen bereits, einige der vollgestopften Gepäckfächer zu schließen, da hörte Philip direkt vor sich: »... wie kriegen wir jetzt während des Fluges den Kurs unserer Scheine mit?«

Oh ...

Oh nein! NEIN!

Bitte, bitte nicht ...

Doch!

Ein vorsichtiger Blick um die Ecke des vorderen Sitzes und Philips Vorahnung bestätigte sich: Bernd *13* saß direkt vor ihm. 8.960 km lang! Herr Hab-ich-doch-gewusst-Astrologe und Bernd *-L-* hatten zwei Reihen weiter vorne Platz genommen.

Philip schloss leicht genervt die Augen, wurde aber durch das Zusteigen der letzten Passagiere wieder in die Realität zurückgeholt. Eine Gruppe jugendlicher Partyimitatoren senkte alleine durch ihr Zusteigen den Durchschnitts-IQ im Flieger um geschätzte zwanzig Punkte, zumindest soweit es die Qualität ihrer Sprachverwendung betraf. Als Trade an der Börse wäre das super gewesen: Im DAX-Future ergäben 20 Punkte *short* schließlich 500 Euro pro Kontrakt. Immerhin. Aber in diesem Fall war es wohl eher als Fehltrade auszubuchen.

Philip wollte gerade etwas zu seinem Nachbarn sagen, als das Handy des *Das-hab-ich-doch-gewusst*-Astrologen laut und für alle Passagiere deutlich vernehmbar bimmelte. Er zog es aus der Tasche, aber schon beugte sich die Stewardess über ihn.

»Entschuldigung, aber das dürfen Sie nun nicht mehr benutzen!«

»Ach ja?« Der Habs-doch-gewusst-Astrologe runzelte die Stirn, als er auf dem Display die Nummer erkannte. »Das ist meine Bank, ist vielleicht wichtig!«

»Tut mir leid!«, sagte die Stewardess bedauernd, aber entschieden.

»Bestimmt unser Schein …«, wimmerte Bernd *13* direkt vor Philip.

Die Stewardess war gerade mit ihrer kurzen Sicherheitseinführung fertig, als Philip durch einen Ruck leicht in den Sitz gedrückt wurde. Während der tic-tac-Nachbar ebenfalls sein Handy hastig ausmachte und wegsteckte und Bernd *13* halb ängstlich, halb gebannt nach draußen blickte, wurde das Flugzeug aus der Parkposition gezogen.

Ruckelnd und ratternd erreichte es die Startbahn. Erleichtert atmete Philip aus, rutschte tief in seinen Sitz, schaute aus dem Fenster und war froh, dass es jetzt ein paar Wochen in die Wärme ging. Bereits viermal war Philip jeweils für mehrere Wochen in Bangkok gewesen, um von dort aus zu traden; schließlich musste ja wenigstens einer aus dem Büro den unschlagbaren Vorteil dieses Berufes – die räumliche Unabhängigkeit – ausnutzen. Er hatte Land und Menschen lieben gelernt und wusste um den Widerstreit zwischen Tradition und Moderne in Thailand. Auf der einen Seite waren selbst die einfachsten Dinge des Alltagslebens durch strenge Verhaltensnormen und Tabus geregelt, deren Sinn oder Notwendigkeit zwar kaum jemand erklären konnte, die aber trotzdem niemand infrage stellte. Auf der anderen Seite war Bangkok in den letzten Jahren zu einer Metropole des westlichen Kapitalismus geworden, mit allen negativen Aspekten: der krassen Kluft zwischen Arm und Reich, ansteigender Kriminalität, rücksichtsloser Ausbeutung und vor allem Verschwendung der vorhandenen Umweltressourcen.

Philips Sitznachbar überprüfte seinen Gurt. »Endlich ab unter die Palmen!«, seufzte er zufrieden.

»Sie machen Urlaub?«

»Mein erster seit zwei Jahren«, erwiderte der Nachbar. »Drei Wochen Ko Samui. Sonne tanken. Drinks mit bunten Schirmchen schlürfen. Na, Sie wissen schon, einfach mal den Stecker ziehen und abschalten.«

Philip stellte ihm ein paar Fragen, um die wichtigsten Infos einzuholen. Der Sitznachbar hieß Norbert, war Bayer und stammte ursprünglich aus Wien. Große Familie. Leidenschaftlicher Hobbykoch, Kajakfahrer und Fußballspieler. Trainierte jeden Samstag eine Jugendmannschaft im Park. Im Großen und Ganzen ein richtig netter Kerl. Bald waren beide beim *Du*.

»Und was machst du in Thailand?«, kam nun die Gegenfrage.

»Ich?« Philip schaute ihn grinsend an. »Bei mir ruft die Arbeit. Hab leider keinen Urlaub.« Philip wusste, dass das ein wenig übertrieben war, und eine fragende Kopfbewegung deutete ihm an, dass Norbert mehr wissen wollte.

»Als was arbeitest du?«

Ein einziger Begriff hätte Auskunft gegeben, aber der Flug war lang, also rief Philip zur Ratestunde auf. Warum auch nicht? »Nun ...«, Philip überlegte, wie er den Beruf eines Traders umschreiben könnte. »Ich bin sozusagen Praktiker in Sachen Ungewissheit.«

»Ah, habe die Ehre. Ein Arzt«, schoss Norbert sofort nach.

»Nein. Kein Doc.«

Während die Turbinen plötzlich laut aufheulten und die schwerfällige Maschine mit sagenhafter Geschwindigkeit über die Startbahn sauste, musste Philip auch die Antworten *Polizist, Richter* und *Anwalt* ablehnen. Nach einigem Überlegen kam noch: »... Beamter?«

He? Also, diese Lösung erschien Philip nun alles andere als logisch. Wie kam Norbert denn darauf? »Jemand, der sein Leben lang versucht, sich nicht vom Zufall täuschen zu lassen«, fügte Philip als weiteren Tipp hinzu und wurde durch den steilen Anstieg des Fliegers fest in die Lehne gedrückt.

Diesmal musste Philip sich als Antwort mit einer gerunzelten Stirn zufriedengeben. *Na ja. Ist ja auch schwer zu erraten.* »Jemand, der versucht, die durch Unsicherheit verbundenen Emotionen auszutricksen«, gab er noch preis, obwohl er wusste, dass dies die Chancen auf eine richtige Antwort auch nicht gerade erhöhte.

»Unsicherheit ... Emotionen? Keine Ahnung. Psychologe?«

Na ja, fast.

Philip präsentierte die Lösung. »Börsenhändler!«

Stille.

»H-Ä-N-D-L-E-R ...!« Norbert schloss die Augen. »Ist nicht dein Ernst!« Er machte die Augen wieder auf und starrte Philip so entgeistert an, als habe dieser gerade von der schlimmsten Ruchlosigkeit der Menschheitsgeschichte erzählt. »Du willst mich doch veräppeln? Klar, du willst mich veräppeln!« Er wollte es einfach nicht glauben.

»Doch. Echt!« Philip kniff die Augen zu und fing innerlich an zu zählen.

Eins, zwei, drei ... In der Regel kam nun zwischen »eins und zehn« vom Gegenüber die Frage nach den geheimen Zukunftsaussichten einer im Depot enthaltenen Aktie oder eines tollen Fonds – natürlich mit der felsenfesten Zusage, dass der erhaltene Tipp des Fachmanns auch nicht weitergegeben würde. Echt, versprochen, Ehrenwort!

Neun, zehn, elf ...

Nichts.

Philip wurde stutzig. – *Wie jetzt? Hatte er einen Fachmann oder gar Kollegen neben sich? Oh ... oder einen von der Sorte: DAX? – Ich dachte, das sei ein Tier!*

Aber es kam schlimmer. Viel, viel schlimmer.

»*Händler!* ...«, rief Norbert erneut und klatschte sich auf den Schenkel, dass Philip vor Schreck zusammenzuckte. »Das ist es! Das ist genau das Richtige für mich!«

Philip konnte Norberts Enthusiasmus nicht ganz folgen und blickte seinen Sitznachbarn verblüfft an. Norbert erklärte im Folgenden, dass er sich gerade in einer beruflichen Selbstfindungsphase befand und vor Kurzem einen spannenden Artikel über das Handeln an den Börsen gelesen hatte, und es hatte sich ihm schon beim Lesen ein Vergleich zwischen seinem bisherigen und momentanen Leben und der Alternative Börsenhändler aufgedrängt. Nach dem Abschluss an der Uni hatte Norbert zwar einen guten Job in einem Hightechunternehmen erhalten und sich im Laufe der darauffolgenden Jahre in eine angenehme Stellung, verbunden mit zum Teil hoch wissenschaftlichem Arbeitsfeld, emporgearbeitet, aber ... die tägliche Arbeit mit Kollegen, die zwar durchgestylt und nach der letzten Mode gekleidet waren, ansonsten aber weder selbstständiges noch wirklich wissenschaftliches Arbeiten gewohnt waren; ruppige Vorzimmerdamen der Geschäftsführung, die es mit Mühe und Not fertig brachten, sich in ganzen Sätzen auszudrücken, ansonsten aber auch ein komisches Sozialverhalten an den Tag legten; Auftraggeber, die zu wichtigen Verhandlungen blutjunge und schnöselige Gesprächspartner schickten, deren einziger Vorzug die direkte Abstammung von den Auftraggebern war ... Davon hatte Norbert mittlerweile die Nase mehr als gestrichen voll ... Der Vergleich zwischen dem gelesenen Artikel und dem eigenen Arbeitsleben führte bei Norbert nun zu der Vorstellung, dass kein legaler Beruf unserer Tage so spannend sein konnte wie der des Börsenhändlers. Halb im Ernst, halb im Scherz gab er zum Besten, dass er selbst jetzt, in ansteigenden 7.758 Metern Höhe und bei knapp tausend Stundenkilometern, davon überzeugt war, dass er selbst als Mafioso mehr langweilige Augenblicke erleben würde als im Börsenhandel, auch wenn er beides noch nicht ausprobiert hatte.

Norbert lutschte aufgeregt an einem tic-tac rum und begann, laut von einem – besser zwei – schnellen Porsche zu träumen, von schönen Frauen, Champagner, Jachten und teuren, so richtig sündhaft teuren Swimmingpools. Dabei wechselte sein Tonfall ständig zwischen »abgeklärtem Lebensgenießer« und »hartgesottenem Livestyle-Trader«.

Während Norberts »Traumreise« wurden Philips Augen immer größer. Von der Seite erklang plötzlich klirrendes Scheppern und eine Stimme fragte: »Was möchten die Herren trinken?« Beim Anblick der Stewardess und deren Make-up schrumpften Philips Augen wieder auf Normalgröße, was aber nicht von langer Dauer sein sollte. Ohne einen Blick in die Karte zu werfen, bestellte Philip ein stilles Wasser und einen Tee: »… bitte ohne Zucker«. Die Stewardess nahm seine Bestellung entgegen und balancierte die Getränke auf das kleine Aufklapptischchen.

»Und für Sie …?«, lächelte die Stewardess Norbert an.

Der unschlüssige Blick Norberts in die Bordgetränkekarte passte nun so gar nicht zum Hardcore-Trader, dachte Philip. Auf der einen Seite träumte er davon, binnen Sekunden Millionen Dollars zu verdienen und, nicht zu vergessen, die unzähligen Frauen hin und her zu jonglieren, auf der anderen Seite war er nun mehr als eine Minute unentschlossen, welches Getränk er auswählen sollte. Wenn auch viel zu stark geschminkt, war die Stewardess hervorragend ausgebildet und behandelte auch diesen Gast mit allergrößter Geduld:

»Darf es eine Cola sein?« … *Mhm, weiß noch nicht.*

»Vielleicht lieber eine Fanta?« … *Och, nee.*

»Wir haben auch Wasser?« … *Mhm, glaub nicht.*

»Vielleicht bevorzugen Sie ein warmes Getränk?« *Oh, Sie haben auch Kaffee! … Ach, nee, der ist immer so heiß.*

Soso, dachte Philip, aber Trader werden wollen … ah ja …! Traden? Ja! Das geht ganz einfach. Philip konnte momentan nicht viel Begeisterung für seinen Nachbarn aufbringen, dem anscheinend ein ganztägiges Seminar in Sachen Gleichmut gut täte, um sich vom Stress einer einfachen Getränkebestellung zu erholen. Er sah sich stattdessen im Flieger um. In den meisten Gesichtern glänzte friedliche Urlaubserwartung. Das Flugzeug flog gerade einen leichten Bogen und die Sonne schien hell durch die Bullaugenfenster auf der anderen Seite der Maschine. Philip schloss geblendet die Augen. Als er sie wieder öffnete, sah er an der Stelle, an der ihn eben noch das gleißende Sonnenlicht geblendet hatte, eine Frau. Mit ihren langen Haaren, perfekten, glänzenden Lippen und strahlend weißen Zähne sah sie einfach – *umwerfend* – aus. Die Frau in den dunkelblauen Jeans und dem weißen Sweatshirt drehte sich abrupt, fast erschrocken um, doch der Anflug von Irritation verschwand sofort wieder und machte einem Lächeln Platz, das tiefe Grübchen in ihre Wangen zeichnete.

Sie griff in ihre halblange Jeansjacke, vergewisserte sich, dass ihr Portemonnaie noch in der Seitentasche steckte. Ihre schmalen Hände mit den langen Fingern, die in unlackierten Fingernägeln endeten, fuhren durch die schwarz gelockten Haare, um einen Rest von Frisur wiederherzustellen, die sie am Beginn des Fluges gehabt hatte. Die Frau bemerkte Philips Blick und sah ihn direkt an. Doch nicht nur das: Sie schaute ihm die entscheidenden zwei Sekunden länger in die Augen als Frauen, die nicht flirten.

Huiii …

Ertappt versuchte Philip den Eindruck zu vermitteln, interessiert die Gepäckfächer über den Sitzen zu studieren. Doch schnell fiel sein Blick wieder zurück auf die Frau. Sie lächelte Philip kurz erneut an, und für den Bruchteil einer Sekunde setzte sein Herz aus, doch er fing sich schnell wieder, und auf einmal freute er sich darüber, dass der Flug so lange dauern würde.

Norbert hatte sich zwischenzeitlich nun endlich für einen Tomatensaft entschieden – für Philip ein unerklärliches Phänomen: Die Leute trinken irre gerne diesen Kram. Aber nur im Flugzeug. In Philips gesamtem Freundes- und Bekanntenkreis befand sich niemand, der im heimischen Kühlschrank je Tomatensaft vorrätig hatte, und seiner Erinnerung nach hatte er noch nie jemanden in einem Restaurant das Zeug bestellen sehen.

Philips Gedanken wanderten auf einmal zu der Wärme und Ruhe Thailands. Viele Erstbesucher hoben bei jeder Gelegenheit die fröhliche Natur der Thais hervor. Das typische Lächeln, das einem fast überall begegnete. Dennoch war es für Deutsche mit ihrem anerzogenen Sinn für Arbeit, Ordnung und Sauberkeit manchmal nicht einfach, diese Menschen zu verstehen. Vielleicht konnte mancher Tourist trotzdem etwas von der leichten Art, mit dem Leben fertig zu werden, von ihnen lernen. *Sanuk* traf es auf den Punkt: *Sanuk*, eines der wichtigsten Wörter in der Thai-Sprache. Wörtlich übersetzt bedeutete es »Spaß« oder »Freude«.

Tatsächlich aber umfasst es sehr viel mehr, es steht für Freude am Leben, die typische Fähigkeit der Thais, auch aus ärmlichen oder widrigen Lebensverhältnissen noch ein Optimum an Lebensfreude herauszuzaubern. Dazu gehört selbstverständlich ein gerüttelt Maß an Pragmatismus und auch Schlitzohrigkeit, vor allem aber eine entsprechende Gemütsverfassung, die sich vielleicht am besten mit dem schönen deutschen Begriff »Frohnatur« bezeichnen lässt. Es ist letztlich nichts anderes als die angeborene oder auch erlernte Fähigkeit, dieses Leben nicht zu ernst zu nehmen und, wenn alle Dinge schon mindestens zwei Seiten haben, sich lieber die gute als die schlechte anzusehen. Ganz wie im Börsenhandel …

»Wieso willst du eigentlich deinen Beruf wechseln?«, nahm Philip das Gespräch mit Norbert wieder auf und rührte seinen Tee um, »schließlich verdienst du doch bestimmt ganz gut!«

»Früher konnte man sich dort eine goldene Nase verdienen, aber jetzt nicht mehr. Zu viel Konkurrenz. Aber das ist nicht der Hauptgrund, warum ich etwas anderes machen will ...«

Philip konnte sich die Antwort denken und fragte daher nur rein rhetorisch: »Sondern?«

»Irgendwie zu langweilig. Zu öde! Kenne alles. Verstehst du?«

»Dein Job ist dir nicht mehr *unterhaltsam* genug?«, brachte Philip es auf den Punkt.

Norbert nickte: »Yeah ...! Genau.« Nach über zwölf Jahren in seinem Job brauchte er unbedingt etwas Action, um der Routine und der maßvollen Unterwerfung seines Alltagsdaseins zu entrinnen, wobei die energiegeladene Atmosphäre der Börsenkurse sich scheinbar als stimulierend erweisen konnte. Philip musste diese Antwort vorerst gelten lassen, wenngleich nur aus Norberts Sicht. Nicht aus seiner eigenen als Berufstrader. Denn aus Philips Sicht war jeder andere Beruf aufregender als der des Traders, da man mehr Gestaltungsspielraum hatte. Kreativität war im Börsenhandel nur hin und wieder gefragt. Klang unsinnig, war aber so. Aus markttechnisch orientierter Sicht konnte man nicht rumlaufen und seinen Ideen freien Lauf lassen, da man sich immer in die *anderen* Marktteilnehmer hineindenken musste. Der einzige Gestaltungsspielraum im Trading lag in der Auswahl der Handelslogiken, darüber hinaus gab es keinen mehr. Waren die Regeln einmal gewählt und aufgestellt, war es vorbei mit der Kreativität. *Vor* einem Trade wusste man, was man suchte, *während* eines Trades wusste man, wie der Trade zu führen war. Na ja, und *nach* dem Trade war *vor* dem Trade. Das Ganze wiederholte sich einfach. Da man aber – wenn man nicht gerade Tradinganfänger war – die weitaus meiste Zeit seiner Tradingkarriere mit dem Handel an sich und nicht mit der Erstellung von Handelsregeln verbrachte, war demnach der Börsenhandel inhaltlich gerade nicht kreativ. Während ein Tradinganfänger diese Nicht-Kreativität zu umgehen versuchte, nahm der Fortgeschrittene sie dankend an, denn ihm war bewusst: *Je langweiliger der Handel, umso erfolgreicher.*

Trotz fehlender Kreativität im eigentlichen Sinne liebte Philip den Börsenhandel, da er eine Menge kreativer Fähigkeiten im geistigen Bereich erforderte. Tatsächlich konnte er sich nicht mehr vorstellen, einen anderen Job auszuüben. In Konferenzen langweilte er sich gerne, und er konnte nicht gut mit Geschäftsleuten umgehen, insbesondere nicht mit der Spezies, auf deren Stirn »Durchschnitt« geschrieben stand. Philip reagierte schon früher fast allergisch auf das Vokabular *geschäftlicher* Besprechungen, und dies nicht nur aus ästhetischen Gründen. Formulierungen wie »Geschäftstaktiken«, »Wege zum Businessziel« und Schlagworten wie »Wir liefern die allerbesten Lösungen für unsere Kunden«, »Unsere Mission sind ihre Ziele« und anderen abgedroschenen Phrasen, die in solchen Meetings an der Tagesordnung waren, fehlten genau die Präzision und Färbung, für die er eine Vorliebe hatte. Er wusste bei solchen Gesprächen immer nicht, ob die Leute einfach mit leeren Worthülsen die Stille füllen wollten oder ob solche Treffen tatsächlich einem Zweck dienten. Auf jeden Fall war er froh, an solchen Sitzungen nicht teilnehmen zu müssen.

»B-Ö-R-S-E-N-H-Ä-N-D-L-E-R, das ist es ...« Norbert bekam wieder einen Anfall von Schwärmerei. »Deals machen, Kohle horten, den ganzen Tag in feinstem Zwirn und Schlips Millionen hin und her schaufeln. Geil!«

Feinster Zwirn und Schlips?

Philip konnte diesem Fantasiepunkt, mal ganz abgesehen von den anderen, erneut nicht folgen. Ein ganz normaler Trader, ja selbst die großen Herrscher der Finanzmärkte, sehen heute anders aus als ihre Vorgänger, die stets in feines Tuch gekleideten Banker der Wall Street. Der Trader von heute trägt Jeans und Kapuzenshirt, fährt einen alten, verbeulten Geländewagen, könnte leicht als Ranger eines Nationalparks durchgehen und gleicht mit seiner kurzen Hose und dem verwaschenen T-Shirt eher einem Wandertouristen. Philip kannte keinen Berufshändler, der sich morgens mit feinstem Zwirn, von einer Krawatte ganz zu schweigen, vor seine Charts setzte. Das Instrument sowie der Mensch, der einen Arbeitsplatz mit Leben erfüllte, zählte. Nicht das Bild, das mitunter einer Vorstellung entsprechen musste, welche von Tradinganfängern geprägt wurde, die glaubten, dass Trading eine Sache von Anzügen und weißen Hemden sei. Philip ließ seinen Nachbarn dennoch in seinem Glauben, schließlich wollte er kein Spielverderber sein.

»Börsenhändler, das ist es, das trifft meine Erwartungen! Genau. Herrgott, dass ich da nicht schon längst draufgekommen bin ...«, ging die Leier schon wieder los.

Philip versuchte Norbert zu stoppen, indem er ihm erwiderte, dass, was die *Erwartungen an diesen Beruf* anbelangte, ein kleiner Bürochef irgendwo im Nirgendwo im Allgemeinen wohl sehr viel reicher war als ein Fernsehstar, der in einer Talkshow nach der andern auftrat; oder reicher als ein Spekulant, der den Preis von Öl von einem Allzeithoch zum nächsten trieb; oder ein *Großunternehmer,* der Gemälde sammelte.

»Das ist doch Quatsch!«, meinte Norbert brüsk.

»So? Dann denke doch mal, statt an die paar super Erfolgreichen, an den Durchschnitt derer, die diesen Beruf ausüben. Wie, glaubst du, verbringen die ihre Zeit? Im Champagnerbad? Im herzförmigen Whirlpool mit acht Blondinen?«, gab Philip zu bedenken. »Es ist doch bescheuert, sich nur auf die Spitze der Pyramide zu konzentrieren!«

Daraufhin herrschte vorübergehend Ruhe.

»Okay. Aber die, die es geschafft haben, die genießen das Leben!« Norbert beschwor mit berauschenden Worten, wie er als Trader das Leben und die Freiheit genießen würde. Partys. Reisen. Zwei, drei Tage in der Woche Arbeit, natürlich nur wenige Stunden, aber diese dann vollgepackt mit Spannung. »Das ist doch so, oder nicht?«, fragte er erwartungsfroh, während er wie ein Orchesterdirigent mit den Händen herumfuchtelte.

Philip suchte nachdenklich nach einer angemessenen Erwiderung. Es war unbestritten, dass der Börsenhandel die Chance barg, sämtliche Freiheiten zu genießen, die einem klassischen Arbeitnehmer vorenthalten blieben. Dennoch hatte Philip sich schon oft und zu Recht bei dem bedauernden Gedanken ertappt, dass er die Freiheiten des Tradings viel zu selten richtig auskostete, viel zu wenig die Gegenwart des Trader-Daseins genoss. Sich noch nie gesagt hatte: »Das ist es, jener Zeitpunkt, dieser Tag – das ist es, was ich immer gewollt habe! Genieße deine Freiheit! Genau jetzt! Ich will in diesem Augenblick verharren, ich will mich ewig an diesen Tag erinnern!«

Auch jetzt, nach vielen Jahren als Trader, befiel Philip gelegentlich noch immer, nur nicht mehr so häufig wie früher, das Gefühl, das saftige Fleisch des Lebens als Trader noch immer nicht gefunden zu haben. Es hatte ihn deshalb früher täglich nach der entfernten Zukunft gezogen – nach den Jahren, in denen er älter, klüger, größer, mächtiger wäre und *noch* reifer im und für das Trading. In diesen Momenten fragte er sich, wann denn der Umbruch kommen und er endlich beginnen würde, das freie Leben als freier Trader in *allen* Zügen und Schattierungen zu genießen. Und es war damit nicht die Höhe seines Kontostands gemeint, denn dass Geld allein nicht glücklich macht, war hinreichend bekannt. Komisch, trotzdem träumen viele von immensem Reichtum, gleich einem Sechser im Lotto, und sind davon überzeugt, dass ein größeres Auto, das größere Häuschen im Grünen oder auch nur der Anblick eines ständig wachsenden Bankpolsters sie endlich glücklich machen würde. An sich ja auch nachvollziehbar, würden da nicht regelmäßig Medienberichte über arme Drittweltländer wie etwa Bangladesh oder den kleinen Inselstaat Vanuatu, die die weltweiten Glücksranglisten anführten, diesen Traum zerstören. Geld und Glück teilen offenbar nur ihren Anfangsbuchstaben und haben ansonsten nicht viel miteinander gemein. Wie sonst wäre zu erklären, dass sich das Durchschnittseinkommen in den letzten fünfzig Jahren in vielen Ländern verdreifacht hat, die Zufriedenheit jedoch um keinen Deut? Scheinbar war Glück relativ und der Börsenhandel für sich allein genommen ein ungeeignetes Medium, um dieses zu finden. Philips Sehnsucht nach dem Umbruch galt seiner *Tages- und Lebensgestaltung*.

Die sehnliche Frage, wann endlich innerer Gleichmut an die Stelle der goldenen Verheißung immensen Reichtums durch die noch kommenden

Trades treten würde, die Zeit der großen Umkehr, die Entidealisierung des nächsten Tradingtags, stellte sich bei Philip aber seltsamerweise nicht nach Tagen mit verlustreichen Trades ein, an denen er Zehntausende von Euros und Dollars »einzahlte«. Die Frage tauchte entgegen aller Erwartungen auch nicht nach einer Serie von Gewinntagen auf, an denen er Tausende von Punkten erhandelte; und seltsamerweise auch nicht während der vielen Stunden und Tage, an denen er, vor dem Rechner dösend, auf ein vernünftiges Setup wartete. Vielmehr kam die Frage nach dem innerlichen und abgeschlossenen Umbruch still und heimlich, beispielsweise während vergangener Urlaubstage mit einer damaligen Freundin, die zwar seinen Beruf Trading nicht verstanden, es aber immerhin respektiert hatte, wenn er mal wieder tief in Gedanken darüber versunken war. Die Frage kam, wenn sich Philip, abseits von Charts und Kursen, bei anstrengenden Wanderungen in den Bergen oder während scheinbar endloser Spaziergänge an weißen Stränden der Bedeutung von *Beständigkeit* immer deutlicher bewusst wurde.

Hofner meinte, als Philip ihm irgendwann einmal diese Gedanken offenbarte, dass ein Trader die ihm zustehenden Freiheiten seines Berufs erst dann einfordern und genießen könne, wenn er nicht mehr vom *Hier* und *Jetzt* des Chartverlaufs gefangen genommen wurde; wenn das große Ziel, also das »Wozu«, wichtiger wurde als der einzelne Chartverlauf.* Philip hatte damals für solche Äußerungen kein Verständnis, denn für ihn gab es kein Morgen. Der rettende Gedanke, dass Börsenhandel auch noch am nächsten Tag, kommende Woche und nächstes Jahr möglich sei, wollte damals nicht so recht an ihn heran. Er hatte schlichtweg falsche Vorstellungen davon, mit was er es zu tun hat: Das *Schnelle* und das *Ungewisse* der Charts, die Hektik der Märkte und die Unterschiede der Intermarket-Beziehungen, das Gefühl des »Hetzens des Wildes«, die Herausforderung des Jagdtriebes sprachen ihn einst sooo sehr an und ließen andere »Brotjobs« *sooo* langweilig erscheinen und ihn das erste Traden und das »Jetzt als Trader« sooo sehr genießen. Vielleicht gibt es deswegen relativ wenig weibliche Profihändlerinnen? Wegen der Adrenalinausschüttung durch den angesprochenen Jagdtrieb?

Philip blieb bei dem Bild mit der Jagd. Der Tradinganfänger als aktiver Jäger *hetzte* das Wild und war hinter ihm her. Viel Adrenalin im Blut, totales Hochgefühl während der Jagd und danach einsetzende Erschöpfung waren das Ergebnis. Dennoch blieb er so als Jäger ziemlich hungrig. Irgendwann hatte der Jäger die Schnauze voll und fing an, statt Bären Beeren zu sammeln. Weil er sich aber das Versagen als Jäger nicht wirklich eingestehen darf – geht schon rein stammesgeschichtlich nicht – erklärt so mancher Jäger die Jagd kurzum als »nur für Bekloppte ...«.

Anders der erfahrene, passive Jäger, auch bekannt als Fallensteller. Dessen Erkenntnis lautet, nur wenn das Wild sehr überrascht wird, kommt er zur Beute.

* Ausführliche praktische Hinweise hierzu sind in DER HÄNDLER Band 5 nachlesbar.

Er beschaut sich die Wege des Wildes und legt Fallen aus – Stopps – für genau das Wild, das er erbeuten will. Der erfahrene Hasenjäger legt kleine Schlingen aus, der erfahrene Bärenjäger dagegen große Tellereisen. Und keiner der beiden versucht auch gar nicht erst, hier etwas zu verwechseln … von wegen mit Hasendraht einen Grizzly fangen … Umso erfreuter ist der Hasenjäger, wenn der Zufall mal ein größeres Wild erbeuten lässt als erwartet. So lebt er mit dem Ergebnis, dass viele kleine Hasen ihn am Leben halten, er die einzelnen Trophäen zwar nicht über den Wohnzimmertisch hängen kann, aber mit der Zeit wird schon ein schöner Mantel und eine schöne Zudecke daraus: Nix zum Angeben, aber schön warm hält es. Und geschmeckt hat es auch …

Philip grübelte kurz. Könnte man anhand dieses Gleichnisses die Erwartungshaltung, das Verhalten und die Einstellung beschreiben? Etwa so: Erfahrene Erwartung an die Börse: Überleben. Verhalten: wenige und kleine Schritte. Jägertypus: Fallensteller. Innere Einstellung: Gelassenheit. Gewissheit: Es gibt viele Hasen …

Hingegen unerfahrene Erwartung an die Börse: spannende Jagd und Trophäen an der Wand, Schlachtenlenker. Verhalten: viele und vor allem viel zu große Schritte. Jägertypus: Beutehetzer. Innere Einstellung: Freude an Adrenalin, Bewegung bis hin zur Rastlosigkeit. Gewissheit: Mit einem großen Gewehr schießt man bestimmt auch ein großes Wild … und das wiegt am meisten. Und da Kraft mal Weg gleich Arbeit, trägt man dies umso kürzer, je schwerer das Gewehr ist. Und dann … kurz nachdem das Gewehr weggeworfen wurde, oder besser die Flinte ins Korn, kommt das Wild auf die Lichtung und beginnt in Ruhe zu äsen …

Obwohl jeder Trader von dem Moment an, an dem er sich zum ersten Mal auf die Idee der *Wiederholbarkeit* und *Beständigkeit* einlässt, die sich daraus ergebende Verheißung innerer Ausgeglichenheit anstrebsam finden wird, nimmt er es dem Gedanken an die *Beständigkeit* zugleich übel, dass diese ein Hindernis auf seinem Weg zu jener großen Anzahl von Trades ist, an deren Menge zu erfreuen er sich berechtigt fühlt.

Es dauerte eine gewisse Zeit, bis ein Tradinganfänger akzeptierte, dass bei Anwendung eines *beständigen Handels* seine innere Suche vorbei war, ohne dass seine Freiheit, seiner Lust am Trading zu folgen, auch nur im Geringsten beschnitten war. Einen Trader in der Welt von *Duplizierbarkeit* und *Beständigkeit* verlangte es nicht mehr nach ständiger Marktkontrolle – danach, präsent und wichtig zu sein, sekündlich Tradingentscheidungen zu fällen, verlorene Trades zu retten, Minustrades zu rächen, sich die eiserne Ich-kämpfe-mit-jeder-Bewegung-Tracht anzuziehen, um permanent von Aktionismus geladene Trades durch jede erdenkliche Marktphase zu schippern und nach sinnlosen Trades mentale Notoperationen an sich vornehmen zu müssen.

Philip streckte sich, so gut das mit dem für die Business Class optimierten Sitzabstand ging, und seufzte resigniert bei dem Gedanken, dass aufgrund seiner übergroßen Verliebtheit in das Trading die wahrhaft idyllischen, *die wirklich erhebenden Augenblicke* des Lebens jahrelang auch an ihm vorbeigeflossen waren. Nun waren sie vergangen, ohne dass er sie vollständig erfasst hatte.

Aber ein paar Sekunden später bekam Philip die Gelegenheit, einen anderen, wahrhaft erhebenden Augenblick zu erleben.

»Howdy!«, donnerte es von vorn. Norbert stutzte und blickte vorsichtig in Richtung der Sitzlehnen vor ihnen. Vor Philip wackelte es und das runde Gesicht von Bernd *13* schaute über die Sitzlehne.

»Ich bin der Bernd. Ihr redet nicht zufällig die ganze Zeit über die Börse?«

Bernd *13*, der offensichtlich ein paar Jahre älter war als Philip, musste sich mit einem verhaltenen Kopfnicken begnügen. »Doch!«

»Wow, das ist ja mal ein Anblick für meine müden Augen. Dann können wir ja schon fast einen kleinen Börsenclub aufmachen!« Bernd trommelte fröhlich auf die Rücklehne. »Ich stelle euch mal mich und meine Jungs vor!«

Oh mein Gott.

So erfuhren Norbert und Philip, ob sie es wollten oder nicht, dass die Bernds, beide Buchhalter, in München wohnten, der Habs-doch-gewusst-Astrologe war Einzelhandelskaufmann und wohnte irgendwo außerhalb in Dingsda. Mal abgesehen von der Frage, wer da das größere Pech hatte, war das Entscheidende, dass sich Bernd *13* nun berufen fühlte, sein Können und Wissen über die Börse in das bis dahin noch ruhig verlaufene Gespräch einzubringen und Norbert diese Chance, sichtlich dankbar und zum Nachteil Philips, annahm.

»Wie bist du denn zum Handel gekommen?«, wollte Norbert wissen, verbunden mit dem Wunsch, mehr über seinen heute ausgesuchten zukünftigen Beruf zu erfahren.

»Nun, meine Frau kam eines Tages zu mir: ›Schatz, wir haben Geld …‹, hieß es damals. ›Wir haben was?‹ ›Geld.‹« Bernd *13* grinste Norbert und Philip an. »Die Frage nach dem *Warum* ist nicht so einfach zu beantworten. Die Kurzfassung lautet so: Tante tot. Geld an Familie vererbt. Familie teilt es auf.«

Dass Alkohol während eines Fluges auf den Organismus schätzungsweise dreimal so stark wie unter normalen Umständen wirkt, ist nichts Neues und drückt sich bei den meisten Passagieren in einem Dauergähnen aus. Die zwei Bier bei Bernd *13* wirkten zu Norberts Freude hingegen eher anregend auf die Konversation. So erfuhren Philip und Norbert in der folgenden Stunde alles über Bernds *13* ersten großen Trade, einen »heißen« und »todsicheren« Tipp seiner Bank. Da er, als er sich zu diesem Abenteuer beschwatzen ließ, so naiv wie Bambi gewesen war, musste seine Frau sich in der Folge jeden Abend beim Essen anhören, wie es *Intershop* ergangen war. Die Aktie schien nicht steigen zu wollen. Zwar hatte Bernd *13* auch mal einen Chart dazu gesehen, diesen aber nicht eindeutig interpretieren können. Der Chart verzeichnete auf seinem Weg in die Vergessenheit ein paar sanfte Anstiege, so wie sich damals der gesamte *Neue Markt* nach dem anfänglich imposanten Anstieg in einen der stabilsten Abwärtstrendmärkte zwischen hier und Alpha Centauri bewegte, aber Bernd *13* konnte sich an keine einzige Unterhaltung aus jener Zeit erinnern, die sich nicht um »diesen Duckswert« drehte. Die Aktie fiel und fiel und fiel. Es kam so weit, dass Bernd *13* schon Angst hatte, bevor er im Radio den Börsenbericht über die wichtigsten Aktienbewertungen einschaltete; und diese Sendung hörte er jeden Tag kurz nach fünf Uhr nachmittags, um mitzubekommen, wie es gelaufen war. Schließlich überwog der Schmerz, den die Aktie bereitete, die Freude am Spekulieren. Gespräche über die Börse wurden vom Familientisch verbannt, weil sich sowohl seine Frau als auch er dann zu sehr aufregten.

Bernd *13* sprach die letzten Sätze etwas abgehackt und ließ dadurch immer noch eine gewisse Verletztheit erkennen. Vielleicht lag das aber auch am Bier. Wer weiß? Das Ganze war ja nun bereits einige Jahre her, und inzwischen hatte Bernd den Banker, der ihn in diese Aktie hineingeritten hatte, so gut wie vergessen. Dafür erinnerte er sich noch gut an einen anderen – äußerst dubiosen – Anlageverkäufer, einen von vielen, die einer ganzen Generation die Börse verleidet hatten. Bernd *13* hasste diesen Scharlatan immer noch so, als sei es gestern gewesen, denn durch ihn und den Banker hatten sie nicht nur so ziemlich alles verloren, was er und seine Frau geerbt hatten, sondern auch das ruiniert, was sie selbst aufgebaut hatten. Deshalb hielt er es damals für klüger, seine Börsengroßtaten zugunsten seiner Fähigkeiten auf dem Gebiet der Buchhaltung herunterzuschrauben. Dennoch bekam er lange danach noch jedes Mal, wenn er seine Frau ansah, ein schlechtes Gewissen wegen der »verlorenen Kohle«, und er versprach ihr, den Rest des Geldes zurückzuholen und jeden Job zu erledigen, den sie verlangte.

»›Die Aktien werden schon steigen. Nur Geduld …‹ Super Aussage! Dann weiß man ja voll Bescheid. Danke. Und wenn man seinen Bankberater dann später mal sucht, haben die immer die Dübeldingskrankheit. Die verschwinden hinter jeder Wand, wenn man kommt. Die meisten Menschen wissen gar nicht, was das bedeutet, Börsenverluste …«, schluchzte Bernd *13*. »Man kann diese Riesenverluste noch nicht mal absetzen, sondern nur mit Gewinnen verrechnen. Aber welche Gewinne? Ich hatte keine Gewinne, nur Verluste, denn Gewinne hatte ich vorher noch keine realisiert. Mein Geld hatte sich verabschiedet. *Goodbye …*«

Die Ehrlichkeit von Bernd *13* rührte Philip. Kein Armer ist so arm wie ein ehemaliger Reicher, wusste Philip. Das tat weh. – *Mannomann.* Er musste daran denken, dass sich die Star-Aktien von damals – als noch ein Rest Leben in der Neuen-Markt-Leiche war – sich nie wieder erholten, genauso wenig wie viele Trader dieses Marktes, und damit blieb auch Bernds Portfolio am Boden.

Doch nach einem Jahr Börsenpause, erzählte Bernd *13*, wurde er wieder aktiv. *United Internet* hieß das Ding. »Binnen einer Woche 12.000 Euro Plus. *Wahnsinn!* Dieser Trade war ein Tipp eines Freundes gewesen.« Von diesem Trade entzündet, loderte bei Bernd *13* die Flamme des Börsenhandels nun wieder hell und kräftig. Während Philip Bernd *13* mit seinem Wasser zuprostete, blies Norbert langsam die Luft aus den Backen. »12.000 Euro … *wow.*« Ganz offensichtlich fühlte er sich in seinem Vorhaben, erfolgreicher Trader werden zu wollen, mehr als bestätigt.

Doch Bernd *13* bremste ihn: »Du wirst es nicht glauben, aber ich hab die gesamten zwölf Scheine eine Woche später wieder verloren; eine Neuemission, die ich aus irgendeiner Zeitung herausgepickt hatte, spießte mich auf. Zwölf Scheine haben sich binnen weniger Tage – *bums* – in Luft aufgelöst.« Und schon war es bei Norbert wieder vorbei mit dem Traum vom schnellen Geschäft. Bernd *13* kratzte sich am Ohr und nahm einen Schluck von seinem Bier. Dies lockerte seine Zunge weiter, und Norbert machte große Augen, als er erfuhr, dass Bernd *13* noch einmal um die 20.000 Euro mit einem CD-Hersteller namens Singulus verlor, der Wochen zuvor noch einen riesigen Buchgewinn auswies. »Zwanzigtausend Euro; einfach so verschwunden. Bums, wieder alles in Luft aufgelöst. *Zack!* Einfach weg.« Bernd *13* zerknautschte seinen leeren Plastikbecher. »Tja, Jungs, so war das …«

Philip schmunzelte. »Es gibt nur eine Möglichkeit, um aus diesem Schlamassel herauszukommen. Man muss weitermachen, muss besser werden, muss lernen, lernen, lernen. Volle Kanone arbeiten und die Verluste durch neue klügere Trades, Trades, Trades kompensieren. Gas geben bis zum Umfallen. Und das klappt dann, wenn man lernt, jede Chartsituation genauestens zu bewerten und nicht jeden Candle oder Bar, der bei drei nicht auf den Bäumen ist, zu traden.« Philip schaute Bernd *13* tief in seine kleinen runden Augen. »Jeder Trader fällt mal hin. Man muss nur wieder aufstehen, aus seinen Fehlern lernen und kämpfen …«

Bernd *13* nahm den Blick und das Stichwort auf. »Die entscheidende Frage aber ist: Wie schafft man es nach oben? Und *anschließend:* Wie bleibt man dort?«

»Du meinst, warum die meisten Trader, wenn sie ihr Tages- oder ihr Monatsziel erreicht haben, schon wieder auf dem Weg nach unten sind? Wie ein Bergsteiger, dessen größter Wunsch es ist, auf dem Gipfel zu stehen und der in dem Moment, in dem er oben ist, nur eine Sekunde die Aussicht genießt und in der nächsten schon wieder seinen Abstieg beginnt?«

»Ja, ja genau.«

»Die Antwort ist relativ einfach«, sagte Philip. »Trader, die gar nicht wissen, wie ihr Konto nach oben gekommen ist, werden genauso schnell wieder nach unten gelangen. Sie hatten Glück oder die Gunst der Chartstunde hat sie nach oben geschleudert. Wenn einer nicht weiß, wie er dahin gekommen ist, wie soll der arme Hund dann wissen, wie er seinen Kontostand hält? Er muss, weil er keine Ahnung hat, seinem Bauch vertrauen. Und damit beginnt der unabwendbare Abstieg. Verständnis um die Herleitung von Signalen und die Tradeausrichtung erhöhen auch die Verweildauer auf dem Gipfel. Verständnis ist die Mutter der *Beständigkeit*. Wenn man sich blind auf etwaige Regelwerke, Tipps verlässt, was passiert dann? Richtig, man ist verlassen. Man muss wissen *warum*, um dann beurteilen zu können, was richtig und was falsch ist. Das ist der Schlüssel.« Philip wusste natürlich, dass das an dieser Stelle nur nichtssagende oberflächliche Rhetorik war.

»Und wie kommt man dahin?«, wagte Norbert zu fragen.

»Tja, das ist die große Frage. Du musst dich intensiv mit dem Handel beschäftigen. Die Frage ist nur: Tun das wirklich alle?«

»Ja, klar!«, nickte Bernd *13*.

»Ja, klar, was?«, hakte Philip nach.

»Freilich beschäftigt sich jeder Trader intensiv mit seinem Handel!«, tönte Bernd *13*.

»Moment ...«, unterbrach Philip. »Du meinst, *alle* betrachten ihre Charts?«

»Naja ... sag ich doch«, bekräftigte Bernd *13* dieses.

»Aber es stellt sich die Frage, ob Chartbetrachten *Lernen* ist oder nur *Kino*? Also davorsitzen und sich ständig zu fragen, was macht die Börse wohl als Nächstes?« Philip sprach damit an, dass zwischen dem Davorsitzen und effektivem Lernen immer noch *Welten* lagen. Wie viele Trader gab es, die einem aus dem Stegreif die Kurse Tausender Werte runterbeten konnten, die zu jedem Zeitpunkt wussten, was wo wie notiert? Aber war das wichtig? Philip hatte Trader kennengelernt, die sich nach eigenen Angaben seit über zehn Jahren und mehr mit dem Handel beschäftigten und alle Marktverläufe kannten. Aber Fachwissen, Zusammenhänge und – das ist ja das Entscheidende – Rückschlüsse? Fehlanzeige. Zehn Jahre lang ein Dauer-Kinoticket gelöst für den Film: *Das Grauen des Charts.*

»Und genau das ist der Grund, warum so unheimlich viele für kurze Zeit Erfolg haben, sehr viel Geld verdienen und nach ein paar weiteren Trades schlimmer dastehen als je zuvor. Jeder Trader führt einen Kampf. Entscheidend ist, wer gewinnt: der innere Schweinehund, der der Spannung des Charts unterliegt, auch Aktionismus genannt, oder der Wille, dass Börse nur ein Mittel zum Zweck ist und dieser Zweck ist die eigene Zielvorgabe?« Philip wusste aus seinen jahrelangen Lehrjahren, dass diese Worte leicht gesprochen waren, deren Umsetzung aber Jahre harter Arbeit bedurften. Alle wissen, dass man mit dem eigenen Willen Berge versetzen kann, was also hält uns dann auf? Tja, es ist einfach bequemer und kuscheliger, den inneren Schweinehund siegen zu lassen. Aktionismus, Gier, hier noch fix ein Trade, da noch schnell eine Order in den Markt, dort sind auch noch schnell zwanzig Punkte drin ... Obwohl ein Trader so viel Befriedigung durch den Gedanken an Beständigkeit erfahren könnte, rafft er sich nicht dazu auf. Warum? Ganz einfach: Der Wille ist auf die Zukunft ausgerichtet. Er muss sich jetzt quälen – im Börsenhandel auch Verzicht genannt –, um später etwas zu erreichen. Der innere Schweinehund hingegen liegt in der Gegenwart beziehungsweise auf dem Mausklick neben ihm, schaut permanent auf jeden hereinkommenden Kurs und frisst nebenbei Süßigkeiten in sich hinein.

Nachdenkliche Stille machte sich breit. Norbert wandte sich an Philip und fragte: »Wie war es denn bei dir im Detail? Erging es dir auch so wie Bernd?«

Philip überlegte, ob er die Frage geschickt umgehen und nur *so làlà* antworten oder ob er, wie Bernd *13*, einige Details preisgeben sollte. »Ich will euch jetzt gar nicht mit dem ganzen Scheiß langweilen, wie ich gegen alle Hindernisse gekämpft habe und so weiter.« Ein paar wenige Worte hätten genügt, um zu sagen, dass er den Börsenhandel unter wenig romanhaften Umständen kennengelernt hatte, diesem vom ersten Augenblick wie einer Leidenschaft zum Opfer fiel, die als Mitgefühl begann, nach kurzem, aber heftigem Kampf in verbotene Heimlichkeiten überging und sich als Wechselspiel von Sünde und Reue fortsetzte.

»Och, komm schon!«, klang es im Chor.

Okay, was soll's.

Philip entschied sich nun doch für die Details und stimmte den Worten von Bernd *13* zu. »Ich wollte es zu Beginn auch nicht glauben. Nachdem ich in den ersten zwei Wochen für mich selbst Tag für Tag schönes Geld verdient hatte, schaffte ich es kurz darauf, innerhalb von zwei Tagen aus fünftausend Euro fünfhundert zu machen. Was war ich für ein Idiot! Ich hatte null Ahnung vom Trading und habe meine ganzen Ersparnisse verballert. Das waren erschreckende Verluste. Echt schlimm.« Philip hob den Finger. »Ich habe damals die ersten meiner schlaflosen Nächte erlebt; ich bin mitten in der Nacht aufgewacht und habe gegrübelt, wie ich mein Geld wiederbeschaffen könnte.«

Bernd *13* grinste breit und bestätigte Philip damit mal wieder, dass es wenig gab, was einen anderen Trader so sicher in gute Laune versetzte, wie wenn man ihm ein beträchtliches Unglück in Sachen Trading, kürzlich oder vor längerer Zeit erlebt, erzählte oder unverhohlen eine persönliche Schwäche offenbarte.

Philip erinnerte sich noch genau an jene Zeit. Er war damals durchschnittlich groß, durchschnittlich schlank und durchschnittlich gut aussehend. Er brachte durchschnittliche Noten nach Hause und hatte sich an den Gedanken an ein durchschnittliches Leben zu gewöhnen. Mit Kindern, Frau und Haus, welche sich allesamt ebenfalls mit diesem Prädikat beschreiben ließen. Bis zu dem Tag, als er den ersten richtig professionellen Kontakt zur Börse bekam. Sein Vater verhalf ihm damals zu einer Praktikumsstelle in dem Handelsbüro, in dem er jetzt arbeitete. Hofner war ein guter Freund seines Vaters. »Schnupper mal die Luft, damit du siehst, ob dir der Kram liegt ...«, meinte sein Dad damals.

Okay, Philip wusste, dass man mit *long* auf steigende und mit *short* auf fallende Kurse setzte. Er wusste, was Aktien waren und dass der DAX-Future an der damaligen Deutschen Terminbörse DTB gehandelt wurde. Damit erschöpfte sich zwar damals sein Wissen, aber es reichte völlig aus, damit ihm Hofner ein größeres und *scharfes* Handelskonto zur Verfügung stellte und ihn traden ließ, wie er wollte. Ohne Tipps und ohne Fachwissen. Philip konnte tun, wozu er Lust hatte, niemand griff so richtig in seinen Handel und seine Ideen ein. Philip musste beim Gedanken daran schmunzeln. Damals war der Börsenhandel für ihn wie das Wetten auf einer riesigen Pferderennbahn gewesen: hopp oder topp. Er war ein echter Chart-Cowboy.

Bernd *13* nickte Philip mitleidig zu. »Ich glaube, da konnte jemand auch nicht genug bekommen von der aktiengeschwängerten Luft der damaligen Zeit!«

Genauso war es gewesen. Philip zockte wie ein Irrer, setzte mal auf dieses Pferd, mal auf jenes. Hinter jedem Trade sah er den riesigen Jackpot. Es war wie in einer riesigen Lottobude, und da Lotto bekanntlich kein Fachwissen erfordert, ging Philip in manchen Momenten davon aus, dass er genauso viel Wissen hatte wie jeder erfahrene Händler in diesem Büro. Damals hatte er, in dem Glauben, dass er dadurch um Meilen besser über den Marktverlauf informiert sei als jeder andere im Büro, jede Börsenzeitung, jeden Newsletter und sämtliche Musterdepots abonniert.

Philip erinnerte sich an einen seiner Tage von einst:

Er schob unmerklich die Maus auf das Ordermenü, bis der Zeiger direkt auf »SELL« stand. Jetzt musste er nur noch den richtigen Zeitpunkt abwar...

Ach Scheiß. Zack! Eine schnelle Handbewegung und die Order zur Positionseröffnung segelte zum Broker.

»Gott, bitte fall!«, keuchte Philip und sah auf den Kontostand.

Name	Position	Traded	P/L Points	P/L	Time	Last Quote	Bid	Ask
FDAX	- 5 K	6808	+02	+250 €	11:40:12	6806	6806,0	6806,5

Mit einem unwiderstehlichen Grinsen nahm Philip jede weitere Periode zur Kenntnis.

... 6804; ... 6802; ... 6802; ... 6799; ...

Sein Freudenpegel an diesem Tag erreichte locker die Hundertprozentmarke, vielleicht waren es sogar hundertzwei Prozent. »Ich kann nicht fassen, dass ich das war!« Und – schwupp! – schon tauchte das nächste fallende Bar auf Philips 30-Sekunden-Chart auf. Wenn ihn nicht alles täuschte, stand der DAX-Future nun wenige Punkte vor dem Durchbruch irgendeiner wahllos eingepinselten Unterstützungslinie! *Ja, ganz eindeutig.* Es war die reinste Augenweide. *Die wird er knacken! Das klappte ja hervorragend!* Philip klatschte entzückt in die Hände. Seine Zauberkräfte wirkten! Er war eben doch der geborene Trader.

Alles wird ganz wunderprächtig!

Beeindruckend. Sah doch eindeutig wie eine Glücksserie aus. Philip hörte schon die Nachrichtensprecherin sagen: »Ein junger Trader namens Philip hat den Chart-Jackpot von etwa zehn Millionen Euro gewonnen. Yeahhh.«

Zwanzig Minuten später bekam Philip kaum noch Luft. – *Ahhh!* Dieser Chart sah ja immer umwerfender aus. Philip ließ seine Augen unmerklich über den enorm fallenden Chart gleiten; über die letzten Candles, die Time-and-Sales-Liste und den zappelnden Auszug aus dem Orderbuch. – *Wow.* Dieser Markt lief und lief. Die Position war die reinste Party. Philip entschied sich trotzdem, den Stopp noch weit oben, pauschal irgendwo bei 6840, zu lassen. *Man weiß ja nie!* Derweilen sah der DAX immer besser aus.

Name	Position	Traded	P/L Points	P/L	Time	Last Quote	Bid	Ask
FDAX	-5 K	6808	+38	+4750 €	12:04:21	6770	6770	6677,5

Philip betrachtete gleichzeitig den Dow-Future. *Holla, der funkelt aber auch ganz ordentlich!* Mit dem Gewinn von 38 Punkten, die er im Handumdrehen sofort vom Tisch nahm, überlegte er, mit welchem Killer-Trade er mit dem Dow-Future Zwiesprache halten könnte, entschied dann aber, besser im DAX-Future zu verbleiben und investierte dort nun die doppelte Kontraktanzahl. Diesmal *long*. Schließlich muss das Ding nach dem vorherigen Kursrutsch ja wieder ansteigen, so die Argumentation Philips.

Einige Minuten später betrachtete Philip den Chart und begann, an einem Fingernagel zu knabbern.

Ahhh!

Bloß nicht hinsehen ...

Da ist mein Stopp!

Philip hatte den DAX-Future *long* gekauft, nur um jetzt panisch mit Minus die Position zu schliessen, als dieser mal kurzzeitig ein Stück zurückkam. Tja, wie war das: *Bewegungen* laufen sauber, *Korrekturen* hingegen unsauber. Der funkelnde Profit aus dem vorherigen Shorttrade war zusammengeschrumpft, und Philip hatte das Gefühl, sein Herz müsste ihm gleich zu den Ohren herausquellen, so heftig pochte es. – *Ist das zu fassen? Was denkt sich diese scheiß Börse eigentlich? Wie kann die nur?* Philip wurde mehr als wütend, als er sah, dass der DAX-Future plötzlich doch noch weitere 20 Punkte anstieg.

Okay. Drecksmarkt!

Dann halt noch mal:

Order Filled Long

FDAX 10@6792 ID=7263468.

Tja, das war eine verfeinerte Version von »Vorsicht Kamera« für Trader, und: kann es noch schlimmer kommen? Es konnte. Es konnte noch viel, viel schlimmer kommen. Der Markt nahm nun endgültig wieder südliche Fahrt in Trendrichtung auf, worauf Philip in seiner zweiten Long-Position erneut rote Zahlen sah.

Okay.

Keine Panik.

Das ist bloß ein Chart.

Ein gottverdammter SCHEISS CHART.

Nur ein paar Zahlen.

Ich meine – ein paar lächerliche Zahlen.

»FU-CK!«, jammerte Philip entsetzt. – *Oh Gott, ich glaube, ich bekomme eine Panikattacke. Los! Denk nach!*

Mit trotzig vorgeschobenem Kinn stellte er in der nächsten Periode die Long-Position glatt, machte reinen Tisch, stoppte die Blutung bei 6762 Punkten und änderte sein Tradingmodell auf die Methode, die er bisher anwendete: rumballern. So eine Art »Moorhuhn schießen« auf Bars, einen Wettlauf, den er aber regelmäßig verlor.

Doch sollte Philip angenommen haben, er hätte es damit überstanden, täuschte er sich über alle Maßen. Der Markt rauschte weiter zügig gen Süden ... und die beiden letzten nervenzerfetzenden Verluste waren damit beileibe noch nicht zu Ende. Dies war erst der erste Akt. Der zweite folgte sogleich: Nun war der Schweizer Markt, der SMI, dran. Ein Markt allein reichte ja nicht. Leider zwang ihn dieser Trade, auf das Rendezvous mit seiner Freundin um halb zwei zu verzichten. Nein, lieber in den sauren Apfel beißen und hinterher einen möglichen Anranzer einkassieren. Was war schon ein *Rüffler gegen den Verzicht auf auch nur einen einzigen Punkt? – Mhm. An sich gar nichts.*

Philip wurde auch bei diesem Trade im SMI das Gefühl nicht los, dass auch das ein voller Griff ins Klo war. *Long* in einen intakten Abwärtstrend, *tja* ... Ein weiterer »scheiß Trade« sozusagen.

Name	Position	Traded	P/L Points	P/L	Time	Last Quote	Bid	Ask
FSMI	+5 K	7203	-08	-400SFr	13:01:08	7195	7194	7195

Der Gedanke an seine Trades der letzten Stunden machte ihn ganz krank! Aber er war fest entschlossen, Licht in diese Angelegenheit zu bringen. Er wusste nur noch nicht genau, wie.

Konzentration, Philip! Nicht abschweifen. Philip legte die Stirn in Falten und zog den Stopp pauschal um weitere 60 Punkte weiter nach unten, schließlich braucht ein Trade Luft, und versuchte ein Gefühl der Kontrolle zurückzugewinnen, indem er in den aktuellen Marktbericht von n-tv hörte. Doch das erwies sich als fruchtlos – es machte sogar alles noch viel schlimmer. *Mhm ... schlechte Ausblicke. Schlechte Analyse? Steht nicht ganz im Sinne meiner Position.*

Philip starrte auf den Chart, und konnte es nicht fassen! *Der Markt muss doch mal drehen ... Das ist bestimmt nur ein Bluff! Aber diesmal nicht mit mir!*

»*Die* IDIOTEN sehen nicht, das dort eine Unterstützungslinie ist!«

»*Die?*«, fragte Hofner leicht gereizt von Philips Rumgebrülle. »Wer sind denn *die?*« Hofner schlenderte zu Philip hinüber.

Mist. – Schnauze halten, Philip! Und stell um Himmels willen keine so verzweifelte Miene zur Schau! Denn das könnte die Sache unnötig verkomplizieren.

Philip sah vorsichtig hoch und hob eine Augenbraue. »Guter Trade, guter Trade!«, plapperte er dabei. »Eine richtig gute Partie!«

»Ach, wirklich?« Hofner wirkte belustigt. »Was rechtfertigt dein Long-Engagement?«

»Ja, also ... äh ...« Philip lächelte mühsam und zupfte an seinen Haaren, um Zeit zu gewinnen. *Oje, oje!* »Der Chart ist extrem ... äh ... du weißt schon. Er ermöglicht, dort ... eine Linie einzuzeichnen.« Philip stieß ein schrecklich gekünsteltes Lachen aus und klatschte nervös mit der flachen Hand auf den Tisch. »Ich hab da so ein unheimliches Gespür für diesen ganzen ... Kram.« Hofner lächelte ungläubig. »Ja, ganz recht, ich hab da wirklich ein Händchen dafür. Und dann sind da noch die ... die ... Candlestick-Elliot-Indikatoren.«

Candlestick-Elliot-Indikatoren? Heiliger Bimbam, Philip! Wie kommst du nur auf so einen Blödsinn? Das lässt er dir nie durchgehen ...

»Richtig, die Candle-Indikatoren-Dingsda, meine große Leidenschaft«, stimmte ihm Hofner todernst zu.

»Yep!«, quetschte Philip heraus und nahm freudestrahlend den plötzlichen Kursanstieg entgegen. »Ich bin gut, hab ich das schon erwähnt?« Seine SMI-Position lag nun drei Punkte vorn. Bei fünf Kontrakten ergab das 150 SFr.

»Du bist sogar sehr gut. Schließlich handelst du mal wieder innerhalb eines Abwärtstrends *long* die Korrektur ... Ein toller Plan«, neckte er Philip.

Korrektur?!
Abwärtstrend?!
Alles Quatsch.

»Hast du verstanden, was ich damit meine? Oder willst du es einfach nicht wahrhaben?«, fragte Hofner.

»Doch! Ich meine, nein! Hör zu, wir stehen hier kurz vor einer dicken Unterstützungslinie. Ich musste den Long-Trade machen ...«

»Naja. Mach nur. Aber ich glaube, du kannst das Spiel abpfeifen ...«, meinte Hofer daraufhin und zeigte auf Philips eingezeichnete Unterstützungslinie, welche nur Verbindung zu *einem* Punkt hatte: einem nahe liegenden lokalen Tiefpunkt, einem weiteren übergeordneten *Punkt 2*. Philip schaute verblüfft auf die eingezeichnete Linie. »Ich meinte damit, dass dein Trade wohl in die Hose gehen wird ...«

»Ja. Ja. Ich habe die Sportmetapher verstanden ...«, brummelte Philip. Hofner entfernte sich und ließ Philip am Rechner alleine. Philip sah den Chart lange und prüfend an. Er hatte bereits von diesen markttechnischen Signalen gehört; von Trends und der ihnen beigemessenen Bedeutung. Für seine Ohren besaß dies allerdings eine leichte Schattierung von Übertreibung, aber egal. Es war schon schlimm genug, dass Philip heute Morgen mit dem Euro-FX in einer nicht empfohlenen Chartsituation eine Menge Dollar verdient hatte, aber gerade einen Haufen Geld dadurch zu verdienen, dass man gegen einen, wenn auch ungebetenen, Rat Hofners spekulierte, das grenzte nun allerdings an Ketzerei. Doch plötzlich haute es den Markt zusammen:

... 7197; ... 7193; ... 7191; ... 7187; ...

Die SMI-Position geriet unter den Hammer, und es war, als ob Philips Epizentrum seiner Existenz der Moment war, als der Markt binnen Sekunden 40 Punkte fiel. Jetzt hatte Philip zwei Finger im Mund. Der Schweiß rann ihm die Stirn hinunter, als der Markt sich immer weiter in die falsche Richtung von seinem Einstiegskurs entfernte und er auf sein aktuelles Minus sah. Philip rang nach Luft. Der Markt rauschte weitere zehn Punkte nach unten. Jetzt hatte Philip vier Finger im Mund und bekam Gänsehaut am ganzen Oberkörper. Der Markt stand vor der bereits zweimal wahllos zurückgesetzten Stopp-Order.

Name	Position	Traded	P/L Points	P/L	Time	Last Quote	Bid	Ask
FSMI	+5 K	7203	-55	-2750SFr	13:18:12	7148	7148	7149

In Philips Augen loderte ein gefährliches Feuer. Der Markt fiel und fiel. Eine große Kerze. *Pling*. Dann eine weitere riesige Kerze. *Pling*. Und der aktuelle rote Balken sah aus, als würde er unten auf dem Rand des Bildschirms aufschlagen wollen. *Pling. Pling.*

Oh, Mist! Ganz dummer Anfängerfehler, Philip. MERKE: IMMER ERST … ABCHECKEN … Aber was? … Philip kam auf keine schlüssige Antwort und seufzte brunnentief. »Der sch… Markt hat auf der ganzen Linie versagt!«

»He, Philip!« Hofner lachte. »Ich amüsiere mich gerade königlich. Ich liege gut vorn. Und du?«

»Ach, ja?«, fragte Philip ungläubig. »Vielleicht sollte ich mein Geld von dir zurückverlangen!«

»Vielleicht überlege ich es mir.« Hofner zwinkerte gut gelaunt.

Sekunden später: »Aaaaarrgghhhh!«, schrie Philip auf, als er aus seinem vegetativen Zustand erwachte und vom Stuhl aufsprang. »Scheiß Markt!« Wenn Philip unter Stress stand, schien sein Hirn wie leer gefegt, was ihm leider während seiner kürzlich begonnenen Meditations- und Yogaübungen nie gelang. Er schüttelte den Kopf, um den Denkapparat wieder in Gang zu bringen, versuchte, den Chart noch mal von vorn zu lesen. Aber es war zu spät: Sein Trade erreichte die vorhin wahllos in den Markt gestellte Stopp-Order und wurde punktlandungsmäßig aus dem Markt genommen.

Ah, ja. Alles klar. Zu Befehl.

Dann hol ich meine Verluste eben mit short raus!

Order Filled Short

FSMI 5@7138 ID=7269454.

Philip kratzte sich schweigend am Kinn. Jetzt musste er erst mal kurz verschnaufen. Die Hände auf die Knie gestützt, hielt er kurz inne, um wieder zu Atem zu kommen. Philip fühlte sich unwohl in seiner Haut. Er spürte, dass er irgendwie in Gefahr war, die Orientierung komplett zu verlieren. Oder war das schon passiert?

Scheiße, warum habe ich den Stopp nicht rangezogen!

Was mach ich hier eigentlich? Ich höre den Markt schreien »STEIGEN« und geh long. Und was macht der Markt? Er fällt! Dann schreit der Markt »FALLEN« und ich hüpf short rein. Das kann doch nicht normal sein?

Sein überlegenes Selbst umschwebte ihn wie ein Gespenst, und Philip wurde das Gefühl nicht los, als würde ihm sein Selbst einen Spiegel vorhalten: »Was treibst du hier…?« Er spürte seine Gegenwart und seinen Durst nach einem anderen Leben. Einem ohne Börse. Er fühlte sich schwindelig und schwach, und sein T-Shirt war durchgeschwitzt, als hätte er damit unter der Dusche gestanden. Ganz durcheinander suchte Philip die Zusammenfassung der heutigen Ergebnisse seiner Trades: zwölf Trades. Fünf Minus und sieben Plus, wobei Letztere das Minus dennoch nicht ausgleichen konnten.

PIEP. PIEP.

Oh Sch…!

Philips Short-Position wurde diesmal durch den viel zu eng gesetzten Stopp aus dem Markt genommen. Dreizehn Trades in rund sechs Stunden und die Zusammenfassung ergab nun ein stolzes Minus von fast 3.800 Euro.

Ihr könnt mich alle mal!

Philip schnappte sich seinen Rucksack und versuchte, sich möglichst unauffällig aus dem Büro zu verdrücken.

»Kann ich dir weiterhelfen?«, erkundigte sich Claudia mit metallic-rosa Schmollmund.

»Glaub nicht ...«, japste Philip. Ein Schweißtropfen rann ihm über die Wange. Vielleicht war es aber auch eine Träne. Gleich darauf taumelte Philip hechelnd durch die Bürotür nach draußen. *Puh.* Im Laufschritt hastete er durch die Straßen nach Hause ...

Damals hatte Philip abends fast immer ein flaues Gefühl im Magen und das den ganzen Abend lang. Auch morgens, wenn er aufwachte, war es immer noch da. Es nagte so hartnäckig an ihm, dass er nicht mal durch den Sonnenschein des Tages davon abgelenkt wurde. So vergingen die Tage, Wochen und Monate. Er schob weiter täglich Geld über den Tresen und in das Trading. Es wurde immer trauriger für Philip. Heute wusste er, dass die damaligen Trades die sinnlosesten seines Lebens waren! In dieser Zeit steigerte sich Philips Trading fast bis zur Besessenheit, und er wusste damals selbst nicht, wohin ihn dies letztendlich führen würde. Seine Beziehung zu den Märkten hatte definitiv eine Intensität erreicht, die rund um die Uhr absolute Konzentration erforderte, und das Traden wurde für ihn zum Vierundzwanzig-Stunden-Job.

Genau das aber war ein grundlegender und daher gewollter Bestandteil des Praktikums. Nur so war es möglich, die anfängliche Überheblichkeit Philips gegenüber dem Trading abzubauen. Denn so lange diese Überheblichkeit anhielt, dies wussten die Jungs im Handelsbüro nur zu gut, war es fast *unmöglich*, dem Anfänger notwendiges Wissen zu vermitteln. Nur so konnte Philip aus sich selbst heraus und in ersten Ansätzen erkennen, dass das Handeln weit mehr an Fachwissen erforderte, als er zunächst gedacht hatte. Aber so geht es jedem Tradinganfänger, weshalb dieser Teil einer Tradingkarriere niemandem vorenthalten werden sollte.

Die Boeing flog eine leichte Rechtskurve, während Norbert aufgeregt wissen wollte, wie das Ganze ausging.

»Was das Ergebnis war, willst du wissen?« Philip schnalzte mit der Zunge. »Ganz einfach: Mein Konto hat sich in den ersten Wochen halbiert.« Norbert war fassungslos; und das erst recht, nachdem er hörte, dass sich Philips Konto in den darauffolgenden zwei Wochen nochmals um fünfzig Prozent verringerte.

»Ja, musstest du da nicht deine Koffer packen?«, wollte er wissen.

»Nein, das ging soweit in Ordnung. Niemand hat sich über den schleichenden Tod meines Kontos groß aufgeregt. Schließlich hatten sie mir das sozusagen als *Lehrgeld* zur Verfügung gestellt.« Tatsächlich hatte Philips Vater damals dem Chef des Büros eine Art Schadensbegrenzungsabkommen angeboten. Aber davon hatte Philip erst einige Jahre später erfahren. Philip erinnerte sich an einen Streit, bei dem er seinem Vater, aus seiner damaligen Sicht zu Recht, vorgeworfen hatte, dass er ihm zwar dieses Praktikum vermittelt hätte, aber dass ihn das ja auch nicht mehr als einen Anruf bei seinem Schulfreund gekostet hätte und dass ihm scheinbar herzlich egal gewesen sei, wie es seinem Sohn dabei dort nun erging. Philips Mutter hatte ihm daraufhin erzählt, dass sein Vater dort nicht nur angeboten hatte, für seinen Mist gerade zu stehen, sondern auch, dass er von Hofner wöchentliche, später monatliche Berichte über seinen Werdegang gefordert und erhalten hatte. Darin ging es übrigens nur ganz am Rand um den Kontoverlauf. In der Hauptsache drehte sich darin fast alles um seine persönliche Entwicklung. Als Trader und als Mensch.

»Und wie ging's dann weiter?«, fragten Norbert und Bernd *13* fast gleichzeitig.

»Mit meinem Vater? Bei dem habe ich mich danach bei nächster Gelegenheit entschuldigt«, schmunzelte Philip. »Aber ihr meint wahrscheinlich eher, wie es mit mir und meinem Konto weiterging ...« Und Philip erzählte, dass er auf dem Weg zur Beerdigung seines Kontos wirklich törichte Schnitzer gemacht und diese tagein, tagaus wiederholt hatte. Auf Norberts Frage nach dem Warum erklärte er, dass der Grund in der Regel immer der gleiche gewesen ist: Er hatte zu Beginn seines Praktikums einfach nicht begriffen, dass es darum ging, zu lernen, den Börsenhandel in seinen Zusammenhängen richtig zu verstehen.

»Dann kam der Tag, an dem ich auf einen Schlag alles aus meinem verfluchten Depot rausgeworfen habe. Alles!«, fuhr Philip fort.

»Alles?«

»Alles. Mein Konto hatte nur noch so um die fünfzehn Prozent des Ausgangsstands, also musste ich anfangen, mich zurück in die schwarzen Zahlen zu traden, indem ich andere Märkte zur Hilfe nahm, anstatt einfach nur sinnlos Aktien und Future zu handeln und das Beste zu hoffen.«

»Optionsscheine?« Bernd *13* rutschte aufgeregt auf seinem Sitz hin und her.

»Noch besser. Optionen.« Philip öffnete unter lautem Zischen eine Coladose, die er sich beim letzten Durchgang der Stewardess hatte geben lassen. »Ich platzierte kleinere Beträge in Call-Optionen auf irgendwelche Internetaktien. So genau wusste ich zwar auch nicht, was ich da tat, aber ich hatte damit den Turbo eingeschaltet und innerhalb kürzester Zeit etwa die Hälfte des Verlustes wieder eingefahren.«

»Call-Optionen?« Norbert verstand nicht so recht.

Philip entschied sich für die grobe Kurzfassung. »Na, einfach solche hochgetunten Anlagen, mit denen man viel mehr Aktienwerte kontrollieren kann, als man sich für das gleiche Geld tatsächlich am Kassamarkt kaufen könnte. Bis zum Ausübungsdatum kann man entsprechend dem Optionswert traden, der steigt, wenn die zugrunde liegende Aktie steigt.«

»Alles klar.«

Philip wusste, *nichts* war klar, und fügte deshalb noch hinzu: »Es kommt aber die Zeit, da eine Option ausgeübt werden muss, und wenn die Aktie zwischenzeitlich nicht gestiegen ist, verliert man schlichtweg alles.« Philip sah Bernd *13* eindringlich an, der, mit dem Kinn auf der Rückenlehne seines Sitzes, Philips Worten lauschte. »Calls kauft man nicht, um sie zu behalten; wegen ihrer Volatilität sollte man mit ihnen *traden*, und zwar ständig.«

Bernd *13* nickte, seine Augen leuchteten. »Die Dinger machen süchtig, und wenn man auf die richtigen gesetzt hat, bringen sie schneller Geld als alles andere auf der Welt!«

Aber nicht bei deinem Trade heute Morgen im Flughafen!, dachte Philip, ließ das aber unausgesprochen und erzählte stattdessen von einem Trade, den er damals gemacht hatte. »Ich wechselte aggressiv auf die Short-Seite und spekulierte damit gegen einige dieser Neuen-Markt-Aktien und irgendwelche Ami-Werte, weil ich dachte, das Momentum des Mega-Anstiegs müsste seinen vorläufigen Höhepunkt längst überschritten haben.«

»Short ist cool«, quietschte Bernd *13* dazwischen. »Das ist genau so, wie wenn man beim Sport gegen eine Mannschaft wettet. Man bekommt den Gewinn, wenn es abwärts geht, nicht aufwärts. Das ist genau so, als würde man für seine Schadenfreude belohnt.«

Philip grinste. Der Vergleich passte. »Die Werte, die ich von der Short-Seite angerempelt hatte, stiefelten mit riesigen Schritten nach Norden. Scheiße, Herrgott, ich hatte ungeheure Summen gesetzt!« Philip erinnerte sich, dass sich der Markt täglich weiter gegen ihn richtete. Während Philip das Wasser bis zum Hals stand, suchte er dringend nach Anhaltspunkten, um in seiner Short-Position zu bleiben. Bernd *13* nickte ständig, er kannte dieses Gefühl anscheinend auch. Philip beschrieb, wie alle Ecken seines Schreibtischs mit Stapeln von Informationsmaterial und Haufen von Zeitungen ausgelegt waren, und er, statt die Positionen zu schließen, immer weiter Puts kaufte, weil er hoffte, der Markt würde fallen. Und während der Markt weiter anstieg, walzte es ihn so langsam um. »Der Schweiß ist mir nur so runtergelaufen, wenn ich morgens auf die Börseneröffnung wartete. Jedes Mal musste ich nach Luft schnappen, wenn eines meiner Aktiensymbole mit einem Pluszeichen auftauchte. Am liebsten hätte ich den kleinen Rest meines Depots wieder zu Barem gemacht, damit ich das nicht auch noch verlor, aber ich wartete doch immer ›nur diesen einen Tag noch‹ ab.«

Philip konnte sich noch sehr gut an jene Märzwochen erinnern, in denen der Markt so zügig anstieg, es ihn erwischte und er offen unter den Hammer geriet. Er trank die Dose in einem Zug aus. »Ich hätte danach sofort als Postbote angefangen oder nebenbei gekellnert, nur um meine Ausgangssumme wiederzusehen!«

»Hast du etwa alles verloren?«, fragte Norbert bestürzt.

»So ziemlich. Ein paar Monate später hatte ich es wieder zurückgeholt, und zwar ohne Tellerwaschen, aber es war mir eine erste Lektion.« Philip blickte Bernd *13* direkt an. »Das waren echt wilde Nächte.«

Bernd *13* bestätigte Philips Worte, denn ihm war es nicht anders ergangen, wenn auch in anderen Märkten und auf etwas andere Art. Auch er erschrak in den ersten Monaten bis in die Knochen, dass er so viel echtes Geld verlieren konnte; woraufhin Philip einwarf, dass ein Trader unter anderem erst dann ein Trader sei, wenn er Zeiten erlebt habe, in denen er wahrhaftige Angst vor den Kurstabellen hatte und sich dennoch zwang, weiter zu traden. »Man fürchtet in seiner Naivität, die Börse könnte möglicherweise abgeschafft werden, ehe man sein Konto wieder in die Höhe gehievt hat«, fügte Philip hinzu, und so erfuhren Norbert und Bernd *13* in zehntausend Metern Höhe, wie Philip im Laufe der Zeit immer klarer erkannte, dass das Trading etliche Probleme aufwarf und daher weit mehr an Wissen erforderte, als er zu Beginn geglaubt hatte. »Jetzt, Jahre später, weiß ich, dass ausnahmslos jeder angehende Trader, der sich dem Abenteuer Trading verschreibt, diese erste Phase durchläuft, genau genommen sogar durchlaufen *muss*.«

Irritiert fragte Norbert, ob sein neuer Traumberuf am Ende womöglich lebensbedrohlich sei. »Eine direkte Frage. Die direkte Antwort ist: ›Ja!‹«, erwiderte Philip schmunzelnd, aber offen. »Trading ist definitiv lebensbedrohlich. Die Chancen stehen gut, dass dieser Zeitvertreib dich irgendwann erwischt.«

Norberts Augen wurden nach den Ausführungen und der Offenheit von Philip und Bernd *13* immer größer, seine Begeisterung für den Beruf des Traders schwand zusehends. Er hatte erwartet, sich auf einer Bühne mit welterschütternden Tradingabenteuern wiederzufinden, deren Held er sein würde. Stattdessen sah er sich auf einmal als hilfloser Trader mit einem Konto, dem nur die Verlusttrades antworteten. Als er begriff, wie schwierig der Job in Wirklichkeit war, nahm er vorerst Abschied von der Idee, diese anscheinend doch undankbare Laufbahn einzuschlagen. Er stellte seinen imaginären Sportwagen und die schönen Frauen erst einmal in die Garage und ins Haus seiner Fantasien, wollte aber trotzdem von Philip wissen, was seine Chefs zu seinem missglückten Start gesagt hatten.

»Sie haben über den Verlust einfach gelacht«, erwiderte Philip, »und meinten, ich solle versuchen, es einfach an der Börse wieder reinzuholen, denn ihr Glaube an mich sei ungebrochen.«

Die Frage von Bernd *13*, ob denn seine Einstiege schlecht gewesen seien, verneinte Philip kopfschüttelnd. »Ich hatte keine *schlechten*, ich hatte *gar keine* Setups oder Einstiege! Ich hatte einfach nur Analysen von Banken und in Börsenbriefen gelesen, also einzelne Ideen genommen und diese gehandelt. Ich hörte immer sehr auf das, was die Analysten über die Aktivitäten der Aktien oder der Märkte erzählten.« Philip war damals noch meilenweit davon entfernt zu erkennen, dass es – wenn man schon Analysen von Dritten zum Trading heranzog – entscheidend war, das Warum und Wieso von Tipps und Empfehlungen zu hinterfragen und dies mit dem abzugleichen, was der Chart momentan zu sagen hatte. »Ich musste das Trading auf die harte Tour lernen. Eines Abends, im vierten oder fünften Monat meines elenden Daseins im Handelsbüro, wurde mir nach einer besonders heftigen Prügelschlacht am Markt bewusst, wo ich stand. Ich stellte fest, dass ich nur noch wenige Prozent meines Kontos hatte und praktisch nur noch Zentimeter von der totalen Auflösung entfernt war. Ich war erst seit Kurzem im Geschäft und wurde schon zermalmt. Die ganze Zeit über hatte mich Hofner – ein legendärer Händler, der ebenfalls in diesem Handelsbüro handelt – täglich angesprochen und sich erkundigt, wie es bei mir lief. Ich behauptete immer, es liefe gut. Gerade an diesem einen Abend, wo mir eh schon fast zum Heulen zumute war, meinte er dann, er habe mit allen anderen gewettet, dass ich echt tief drinstecken würde und sei froh zu hören, dass er die Wette verlieren würde. Das fand ich ziemlich merkwürdig damals. Der freute sich, eine Wette zu verlieren?«

Philip erinnerte sich, dass Sander, ein anderer Händler, ihn regelmäßig gehänselt hatte. Sander meinte immer, Philip sei viel zu belesen, um das Trading zu bewältigen! Natürlich wollte er auch deswegen nicht mit Hofner über den Zustand seines Kontos reden, da die Vermutung auf der Hand lag, dass diese Information wie ein Lauffeuer im Büro herumgehen würde und Sander erst recht Wasser auf die Spottmühlen bekäme. »Noch dazu dachte ich fälschlicherweise, Hofner würde mich vielleicht gnadenlos auflaufen lassen, wenn er hörte, dass ich so schnell so viel Geld verloren hatte«, erklärte Philip. »Was ich damals nicht wusste, war, dass Hofner und Sander mein Konto tatsächlich jederzeit einsehen konnten.«

»Wisst ihr übrigens, warum der Börsenhandel eines der ehrlichsten Geschäfte ist?«, fuhr Philip nach kurzer Pause fort, wartete jedoch eine Antwort gar nicht erst ab. »Die Performance ist etwas, das man in diesem Geschäft einfach nicht verbergen kann. Vor niemandem. Man kann niemanden täuschen, wenn es schlecht läuft.«

»Du hast es ihnen also gesagt?«, wollte Bernd *13* wissen.

»Genau, ich habe ihnen schlussendlich die Wahrheit gesagt beziehungsweise. sie haben es ja ohnehin gesehen«, erwiderte Philip. »Tage später wurde ich dann zu Herzer gerufen, dem Chef des Büros. Ich hatte keine Ahnung, was mit mir passieren würde, hatte feuchte Hände und zitterte am ganzen Körper. Als ich ihm mein total abgebranntes Konto zeigte, stand er auf, kam um seinen Schreibtisch herum und versetzte mir einen Klaps auf den Kopf.«

»Er hat dich geschlagen?« Bernd *13* war außer sich.

»Quatsch. Das war symbolisch. Das verbrannte Konto war Absicht. Es gehörte zu ihrem Plan.«

»Sie ließen dich *bewusst* Minus machen?« Bernd *13* verstand nun gar nichts mehr.

Philip nickte nur.

»Sie wollten nicht, dass du ihnen das Geld zurückgibst?«

»Nein. Ich schuldete ihnen das Verlorene nicht. Sie gaben mir jetzt sogar noch mehr, stockten mein Konto um weitere 100.000 Dollar auf, nur um mir zu beweisen, dass sie Vertrauen in mich hatten, und bestanden darauf, ich würde später ein Vielfaches verdienen, wenn ich mehr Gefühl für die Kurse und später auch für große Konten bekommen hätte. Keiner von den anderen Händlern wollte auch nur ernsthaft mit mir reden, ehe mein erstes Konto nicht richtig tief im Minus, *besser auf null* stand. Denn nur das konnte helfen, meine Neugier anzustacheln und dadurch in mir das Verlangen zu wecken, Aufgaben und anstehende Fragen rund um den Börsenhandel *selbstständig* zu lösen. Ich habe erst am eigenen Leib spüren müssen, dass niemals ich, sondern immer nur der Markt Recht hat.«

Norbert dachte sich in Philips Kollegen hinein. »Du solltest also deinen Kopf klar kriegen und dann neu anfangen?«

»Genau. ›Geh und hol dir das Geld zurück‹, sagte Herzer nur. Und das habe ich dann auch getan.«

Jetzt, Jahre später, verstand Philip auch, warum beim Trading nur dieser Weg zum Ziel führen konnte. Ein Lehrer sollte dem Schüler immer etwas Zeit einräumen, damit der das Lernen selbst als Teil seiner Lebensaufgabe erkennen konnte. Denn wenn der Tradinganfänger das Fachwissen und dessen Erlernen lediglich als *notwendiges Übel* ansah, war das zu verwaltende Geld besser bei anderen aufgehoben.

Ein Blick aus dem Fenster ließ schwach die Strände des östlichen Mittelmeers erkennen, während Philip berichtete, wie er in den folgenden Wochen die Grundlagen des Tradings vermittelt bekam, immer unter der Maßgabe, ihm genügend Zeit und Möglichkeiten zu geben, die einzelnen Stufen des Wissens in Übungsphasen praktisch umzusetzen. »Beim Trading erwächst die Theorie aus der Praxis«, erklärte Philip seinen Zuhörern. »Herzer verlangte von mir, dass ich von den beiden erfahrenen Tradern Hofner und Sander lernen sollte, weil sie mir alles beibringen könnten, was ich wissen musste. Beide versprachen, sie würden mir zeigen, wie man einen Trade abschloss, Gewinne kassierte und das Verhalten anderer Marktteilnehmer für sich arbeiten ließ – so wie sie selbst es einst von erfahrenen Tradern gelernt hatten. Und Hofner versprach mir, dass ich mich, wenn ich auf ihn und seine Erfahrung vertraute, auf null zurücktraden könnte.«

»Und, hat es gestimmt?«, wollte Bernd *13* wissen, der mittlerweile rucklings auf seinem Sitz kniete und wie ein Kind im Ferienlager aufmerksam den Geschichten der Großen im knisternden Schein des Lagerfeuers lauschte.

»Es hat gestimmt. In den ersten Wochen musste ich Hofners Trades begleiten. Die Diskussionen um die Trades liefen allerdings in der Regel ins Leere, denn meine Gedankengänge waren viel zu einfach, mir fehlte schlichtweg jeglicher Sachverstand.«

»Was ja nach deiner bisherigen Erzählung verständlich ist«, sagte Norbert.

»Das Problem war nur, mir das *Warum,* das *Wie* und das *Wofür* zu erklären. Aber das haben die beiden auch erst mal nicht, sondern sie fingen damit an, mir zu Beginn das Wissen zu vermitteln, *wie ein Kurs entsteht.* Für sich allein genommen, konnte ich damit zwar noch nichts anfangen und auch noch nicht den Bezug zum Trading herstellen. Dennoch war es der zwar kleinste, aber wichtigste Grundbaustein für das weitere Wissen.«

Philip erinnerte die beiden anderen daran, wie viele Menschen heute Früh auf dem Flughafen zu den zwei riesigen Fernsehbildschirmen heraufgeschaut hatten. Vielleicht neunzig, hundert? – *Egal.* Er fragte Norbert und Bernd *13,* wie viele von denen wohl ganz konkret wussten, warum sich die Aktien und Märkte auf dem Laufband änderten? Wie viele konnten wohl beim Blick in ein Orderbuch den Kurs ganz grob nachrechnen? Drei, vier, wenn überhaupt. Und dennoch starrten sie alle auf die Veränderungen auf dem Laufband. *Ulkig.*

Mit dem Wissen um die Kursfeststellung konnten Hofner und Sander Philip dann das Fachwissen rund um den Trend, um dessen Aufbau und die Marktteilnehmer innerhalb eines Trends erschließen lassen. Innerhalb dieser umfangreichen Thematik wurden ihm in den kommenden Monaten viele wichtige Randbedingungen und Gegebenheiten des Tradings bewusst. Hofner und Sander sprachen mit ihm die Einstiegs- und Stoppregeln für das markttechnisch orientierte Trading durch und leiteten sie, eingebettet in Hunderte von Randbedingungen und praktische Hinweise, vor allem aus dem bisherigen Wissen ab. Sie gingen täglich die verschiedensten Trades mit ihm durch und vermittelten ihm so anhand der Praxis die Theorie. Im Zuge dieser Auswertungen wiesen sie ihn auf etliche Tradingfehler hin, die ihm aber erst durch den Vergleich zwischen praktischer Anwendung und Theorie bewusst wurden.

In den folgenden Monaten landete Philip mithilfe seines neu erworbenen Fachwissens seine ersten größeren Treffer, und Hofner hoffte jetzt zu Recht, er könnte Philip etwas Geduld einimpfen, indem er diesen immer wieder die gleichen Umstände im Chart für einen Trade abwarten ließ. Und während die Boeing gerade mit fast tausend Stundenkilometern ihrem Ziel entgegenraste, wurde Philip damals symbolisch mit einem Kilometer pro Stunde durch die praktische Anwendung von Fachwissen die mentale und psychische Komponente des Tradens erst so richtig deutlich. Durch Hofners und Sanders Unterstützung wurde er ständig zum Nach- und Überdenken angeregt und sie zeigten ihm in den folgenden Monaten eine *qualitative* Herangehensweise an das Trading auf. Philip lernte, dass ein ernsthaftes, markttechnisch orientiertes Trading nicht nur aus der Nachahmung von Regeln bestand, sondern einer Logik entsprang, welche aus dem Grundwissen um die Börse und aus den Einsichten in Bezug auf das eigene Trading erwuchs. Der höchste Berg, den er dabei erklimmen musste, hieß Geldmanagement.* Dieser Berg war nicht nur hoch, sondern die Aufstiegswege waren auch vielfältig und jedes Mal anders.

Auf Norberts Frage, ob ihm das viele Nachdenken über das Trading denn Spaß gemacht habe, eröffnete ihm Philip, dass das schrittweise Lernen, das Erkennen eines Tradingproblems und die Lösung der ständig neu auftauchenden Fragen in der Summe eine wahrhaft große Entdeckung gewesen seien. Denn jeder einzelne Fortschritt, jede noch so kleine Lösung stellten für ihn von nun an einen Erfolg dar. DAS war der Reiz des Tradings.

»Die eigene Psyche zergliedern und dennoch das Ziel – warum, weshalb Trading – nicht aus den Augen verlieren! Das ist kein leichtes Unterfangen«, zitierte Philip Hofner. »Doch es ist eines, bei dem die Begleitung durch einen objektiven, erfahrenen Führer mit absoluter Gewissheit hilfreich ist. Eine Aufgabe mag noch so bescheiden sein, wenn sie aber das eigene Interesse weckt, die eigene Erfindungsgabe anregt und man diese Aufgabe aus sich selbst heraus löst, dann wird man die Spannung und den Triumph eines Entdeckers erfahren. Um das und um nichts anderes geht es beim Trading.«

Philip berichtete weiter, dass er allerdings erst herausfinden musste, dass er überhaupt eine Begabung für das Lösen von geistigen Tradingabschnitten hatte. Denn Theorie kann die Praxis nur vorbereiten, aber niemals ersetzen. Jetzt, viele Jahre nach diesen ersten Gehversuchen im Trading, wusste er, dass ihm das Lösen der geistigen, psychologischen und sogar philosophischen Fragen im Trading so viel Vergnügen bereitete wie ein schönes Buch oder so viel Anregung wie eine Schachpartie.

Norbert fragte: »Wann hast du denn den Entschluss gefasst, den Börsenhandel gänzlich zu deinem Beruf zu machen?«, und Philip antwortete nach einem kurzen Moment der Überlegung: »An dem Tag, als ich die Freude an der *geistigen Hürde* des Tradens entdeckt habe.«

* Ausführliche praktische Hinweise hierzu sind in DER HÄNDLER Band 4 nachlesbar.

Bernd *13* konnte es nicht glauben. Auch er hatte viel verloren, aber statt »Freude am geistigen Traden« zu entwickeln, brachte ihn das nur auf die Idee, ganz mit dem Börsenhandel aufzuhören und dazu, die Hoffnung zu begraben, dass er jemals mehr als schlaflose Nächte aus dem Trading herausholen könnte.

»Der bittere Geschmack des Tradings hat mir Perspektive und Mut gegeben.« Als Reaktion auf diesen Satz musste Philip in vier ungläubige Augen schauen, deren Besitzer nicht verstehen konnten oder wollten, wie die Vernichtung eines großen Kontos Mut verleihen sollte. Philip half darum nach. »Den Mut, ich selbst zu werden und zu bleiben, das war das Wesentliche.« Die Blicke wurden noch irritierter. »Ich schulde der Börse Dank. Der Dialog mit ihr hat mir Tag für Tag größere Klarheit verschafft. Ja, ich muss sie sogar segnen dafür, dass sie mich zum Nachdenken und damit zur Besinnung gebracht hat.«

»Für einen Trader ist das eigene Leiden ein *Segen*?« Norbert schüttelte den Kopf. »Was treibt ihr Börsenheinis da nur? Seelenzergliederung? Das ist ja echt schräg!« Innerlich legte er die Bewerbungsmappe für seinen neuen Beruf gerade beiseite und dachte: »Lieber einen Monat in der Hölle, als einen Tag Trader sein!«

Mit erhobenem Zeigefinger flüsterte Philip: »Das Leiden, es ist die Kriegsschule. Die Kriegsschule des Börsenhandels.« Okay, er wusste, dass es leicht übertrieben war.

Norbert verstand nur noch Bahnhof. »Und warum machen dann eigentlich so viele bei dem Scheiß mit?«

»Ich glaube, die Lösung ist relativ einfach. Den Kandidaten macht es einfach Spaß, teilzunehmen. Aber man sollte nicht vergessen: Sie wollen einen Traumberuf und den gibt es am Marktplatz der Eitelkeiten eben nicht für lau. Sorry. So ist das. So bleibt das. So wird es immer sein.« Philip blickte in große Augen. »Tut mir leid, Leute, aber es ist und bleibt wahr, es gibt nur eine Wahrheit im Trading, und die nennt sich die eigene *Wiederholbarkeit*. Ich weiß, allein das Wort treibt viele Tradingneulinge in den Komplettwahnsinn. Mir ging es ja am Anfang selbst auch so. Ich wollte *mit einem* Trade stinkreich werden. Aber sich richtig ins Zeug zu legen, sprich: fünf Handelstage die Woche, Stunde um Stunde, Trade um Trade, zu arbeiten? Das ist hart, wirklich hart; und vor allem *vollkommen* unabenteuerlich, *vollkommen* unromantisch. Aber: Ohne Arbeit, und ich meine weit mehr Arbeit, als sich zum Beispiel ein typischer Angestellter, ohne zu kündigen, aufhalsen lassen würde, kann man seine Börsenträume beerdigen. Und zwar ruck, zuck! Ihr kennt den Film: *Die Glücksritter?* Mit Eddie Murphy, Dan Aykroyd und Jamie Lee Curtis? Wer nur auf Jamie geguckt hat – und in diesem Film ist sie es wert, sehr lange hinzugucken – hat vielleicht am besten getan, denn …«, Philip blickte Norbert direkt an, »wessen Traum ist es, möglichst wenig zu arbeiten, der tut besser daran, seine Ansprüche herunterzuschrauben, bis er so wenig braucht, dass er sich auch so auf die faule Haut legen kann. Mit etwas Glück findet er jemanden wie die Jamie im Film. Oder er oder sie sucht sich, wie die reiche Verlobte von Dan, einen Depp, der für den erstrebten Lebensstandard bezahlt. Wer aber stattdessen im Handel wirklich etwas erreichen will, für den fängt alles mit diesem einen, sich wie ein Mantra wiederholenden, grässlichen Wort an: üben, üben, üben.« Philip gab natürlich auch die gute Nachricht bekannt, denn wenn man ein persönliches Ziel erreichen will, wird zum einen die Einstellung zur Arbeit natürlich wesentlich motivierter und zum anderen wird einen die Arbeit an sich selbst als Trader auch glücklich machen. Vom Geld mal ganz abgesehen. Okay, vielleicht nicht am Anfang.

*

Wer die Redewendung »Die Zeit vergeht wie im Fluge« geprägt hat, hat mit Sicherheit noch nie in einem Flugzeug nach Thailand gesessen. Denn seltsamerweise vergeht die Zeit beim Fliegen überhaupt nicht. Hier schien sie zu kriechen. Wenn Philip aus dem Fenster sah, erblickte er undefinierbare Landmassen unter sich, Wüsten und Flüsse, die sich wie glitzernde Bänder durch das Land schlängelten. Auf Seen, so groß wie Centstücke, funkelte die Sonne, die sich hinter dem Flugzeug langsam dem Horizont entgegensenkte. Durch die Zeitverschiebung hatte die Zeit als Ansatzpunkt sowieso jeden Hauch von Wirklichkeit verloren.

Nachdem die Stewardess das Essen serviert hatte und im Flieger etwas Ruhe einkehrte, wollte Norbert von Philip wissen, was er denn in dem Handelsbüro den ganzen Tag so mache. Er erfuhr, dass die Trader hier als eigenständige Einheit gesehen wurden. Man ließ ihnen freie Hand, vorausgesetzt natürlich, ihre Ergebnisse stellten die Mandantschaft zufrieden. »Der Name Eigenhandel dagegen rührt daher, dass Händler mit dem eigenen Geld des Büros arbeiten«, erläuterte Philip. »Somit genießt der einzelne Trader alle Vorteile einer selbstständigen Tätigkeit, ohne sich mit den profanen Einzelheiten einer tatsächlichen Selbstständigkeit beschäftigen zu müssen.«

»Du bestimmst deine Arbeitszeit selbst?«*

»Ja, ich kann nach Lust und Laune reisen und mich meinen persönlichen Interessen widmen«, erwiderte Philip. Er wusste, dass Trading für Menschen, denen manuelle Arbeit nicht lag und die außerplanmäßige Meditationen

* Ausführliche praktische Hinweise hierzu sind in DER HÄNDLER Band 6 nachlesbar.

liebten, ein Paradies war. Philip liebte die Anonymität des Börsenhandels, denn sie entsprach seinem Wesen. Er wollte nur seinen Spaß haben und nicht im Wettbewerb mit Hunderten von anderen Leuten stehen. Er schätzte sich zutiefst glücklich, dass ihm jeglicher wettbewerbsorientierte Machthunger fehlte.

»Und da macht ihr den ganzen Tag Analysen von Nachrichten?«

Philip winkte kategorisch ab. »Nix da. Nur Technische Analyse«, und schaute hinüber zu seiner Göttin.

Bernd *13* hatte sich rücklings auf seinen Sitz gekniet und klärte Norbert auf: »Technische Analyse, das ist das mit diesen *Trendlinien* und *Indikatoren.*« Er reckte beide Daumen nach oben. »Hey, diesmal hab ich dir was beigebracht!«

Philip schmunzelte. Es war doch immer wieder nett, dass ein Börsenneuling, wie er selbst einst auch, die Technische Analyse grundsätzlich nur mit Widerstand und Unterstützung in Verbindung brachte und dann sofort an diese »Indikatoren-Dinger« dachte.

»Na, nicht ganz. Aber so in die Richtung ...« Philip versuchte, um weitere Fragen herumzukommen, konnte jedoch Norberts verständnislosem Blick nicht ganz standhalten. »Wir handeln nach Markttechnik.«

»Nach *Markttechnik*, aha?!« Norbert blickte fragend Bernd *13* an, aber der konnte diesmal auch nicht aushelfen und zuckte nur mit den Schultern. »Und was soll das sein?«

»Na ja, das Fundament der ganzen Technischen Analyse.«

»Ah so, das Fundament! Ja dann ...« Norbert deutete auf die Fluginformationen auf dem kleinen Bildschirm im Vordersitz und bettelte: »Wir haben ja noch etliche Kilometer lang Zeit. Da gibt es doch bestimmt das eine oder andere tolle Signal, das auf deinem Fundament aufbaut und das du uns beibringen könntest, oder? ... Bitte!«

Bernd *13* nickte und fand anscheinend auch, dass ein superheißer Tipp in Sachen Technische Analyse nichts schaden könnte.

Ein paar Minuten lang zierte Philip sich noch, dann ließ er sich schließlich erweichen und spuckte es aus, das große Tradergeheimnis. Kategorie: *Heiliger Gral!* Geheimnistuerisch flüsterte er Norbert und Bernd *13* zu: »Okay, aber ihr dürft es keiner Menschenseele sonst verraten!« Philip schaute sich um und raunte – absichtlich übertrieben – verschwörerisch: »Dieses Rezept wurde über viele Generationen von einer Tradergeneration zur nächsten weitergegeben. Hiermit seid ihr offiziell eingeweiht.«

»Ja, ja! Kannst dich auf uns verlassen«, wisperte Bernd *13*.

»Da wir nur noch ein paar Stunden Flugzeit haben, müssen wir zur verschärften ultrakonzentrierten Version, quasi zur Essenz der Essenzen greifen. Also, hört gut zu –«

»Yeap«, kam es im Doppelpack.

»Ihr müsst –«

»Jaaaa?«

»Ihr müsst lernen, euch zu fragen –«

»– Jaaa?«

»– warum nach eurer Positionseröffnung andere Marktteilnehmer ebenfalls in eure Richtung handeln sollten!«

»Moment mal, wie jetzt? *D-A-S ist alles?*« Philip erntete nachdenkliche Blicke.

Überraschenderweise klang das große Tradergeheimnis längst nicht so geheimnisvoll, wie von Bernd *13* erwartet. Trotzdem bedankte er sich überschwänglich, ohne dass er mit der Aussage konkret etwas anfangen konnte.

Lieber Himmel! Wir reden hier vom Börsenhandel, nicht von einer Atombombe.

Beide drängten Philip schließlich zu erklären, was er damit meinte. Philip war inzwischen etwas verärgert darüber, mit welcher Selbstverständlichkeit die beiden ihn mit Beschlag belegten und über seine Zeit verfügten. Andererseits erinnerte er sich an seine ersten Treffen mit einem, der Bescheid wusste. Auch er war damals neugierig gewesen, und diese Neugierde lag in den weißen Flecken in Hofners Ausführungen begründet, die ihn genauso stark beschäftigten wie die weißen Stellen auf der Landkarte Afrikas die Entdecker des 19. Jahrhunderts.

»Hmm ...« Philip wiegte den Kopf. »Das ist nicht mal eben so zu erklären«

»Komm schon«, unterbrach ihn Norbert. »Was willst du sonst die nächsten Stunden machen?«

Schlafen, essen, mein Buch lesen, aus dem Fenster schauen, Tagebuch vervollständigen ... Philip sah zu seiner Angebeteten auf der anderen Seite der Maschine hinüber, die gelangweilt in einem Magazin blätterte ... *vielleicht mit einer interessanten – oder gar interessierten? – Frau flirten ...*

»Los, komm schon, mir ist langweilig. Dir doch bestimmt auch?«

Geister, die ich rief ... Na, was soll's. Ich hätte ja auch den Mund halten können eben. Selbst schuld also ...

»Charts kennt ihr?«, fing Philip seine Minilektion hoch über den Wolken an.

»Klar.« Eifrig beugten sich Norbert und Bernd *13* vor.

Philip wandte sich direkt an Bernd *13*. »Und warum schaust du drauf?«

»Wie, warum schau ich drauf?« Bernd *13* verstand nicht recht.

Okay, anders.

»Hast du dich mal gefragt, was du beim Betrachten eines Charts suchst?«

»Den aktuellen Kurs.«

»Dafür brauchst du keinen Chart!«

»Nicht?«

»Nein.«

Stille.

»Ja, wie jetzt? Wo kriege ich denn dann die aktuellen Kurse her?« Bernd *13* ahnte nicht, worauf Philip hinaus wollte.

»Na, dafür könntest du auch den Fernseher benutzen oder Internet oder Kurslisten ...«

»Verstehe, verstehe«, unterbrach Bernd *13* Philips Aufzählung.

»Na ja, ich schau mir das Ding an und sehe, wo der Kurs schon mal war«, gab Norbert nun zum Besten.

»Das geht noch genauer!«

Alle Antworten – zum Beispiel, um an der Historie Signale abzugreifen, um Indikatoren zu errechnen oder wiederkehrende Kursmuster aufzustöbern – quittierte Philip mit einem Kopfschütteln. Schließlich brach Philip das Ratespiel ab und wollte stattdessen Auskunft darüber haben, was nun das Endziel jeglicher Technischen Analyse sei; denn jeder, der einen Chart betrachtete, betrieb diese ja in irgendeiner Form.

»Mannomann. Um Trendlinien einzuzeichnen, um dann zu wissen, wo es hingeht!«, flog auf einmal als Antwort zu Philip herüber.

»Brecht das weiter auf den Ursprung herunter«, forderte Philip und wollte Bernd *13* weiter zur Quelle aller Anwendungen der Technischen Analyse führen. Philip merkte aber, dass das *so nichts wurde* und dass er Schwierigkeiten haben würde, die Fragen zur Technischen Analyse in aller Schnelle zu beantworten, ohne die notwendigen, überlebenswichtigen Hintergrundinformationen zu liefern. Er brauchte eine bessere Veranschaulichungsmethode. Vielleicht eine bildlichere! Er musste die Thematik bündiger und umgangssprachlicher präsentieren, sonst wäre er selbst auf dem Rückflug noch nicht fertig. Mit diesen Gedanken schaute Philip halb bedauernd, halb sehnsüchtig herüber zu der hübschen Frau im Gang rechts vor ihm.

Philip kam eine Idee und er deutete auf die Stewardess, die gerade mit ihrem Wagen Parfums und irgendwelchen Klimbim aus dem Bordmagazin zum Kauf anbot – zur großen Freude eines Ehepaars in der Reihe rechts von ihnen. Die Frau strahlte über die aus ihrer Sicht ach so großen Ersparnisse, während ihrem Mann der Kaufrausch sichtlich immer peinlicher wurde.

»Angenommen, die Passagiere könnten die Waren bei der Stewardess nicht nur kaufen«, Philip deutete auf die rechte Reihe, in der die kauffreudige Frau saß, »sondern die Waren auch bei ihr verkaufen.« Philip deutete auf die mittlere Reihe.

»Und wir drei?«

»Wir sitzen hier rum und schauen uns das Treiben aus der Ferne an. Wir sind nur Beobachter.«

»Die Stewardess stellt die Kurse?«, griff Bernd *13* vorweg und beäugte die gut aussehende Blondine.

»Sie ist die Börse. Genau.«

»Also, bei ihr können die anderen kaufen und verkaufen, während wir drei hier nur so rumsitzen?«

Philip nickte. »Genau. Wir drei wollen nicht die Börse sein.«

»Nicht die Börse?«

»Keine Börse. Nur Zuschauer.« Philip überlegte kurz und fuhr dann fort: »Und was müssten wir drei tun, um als unbeteiligte Dritte eine Aussage darüber treffen zu können, wie weit beziehungsweise wohin die Preise bei der Stewardess gehen werden?«

Philip gab den beiden einen Moment Zeit, sich das kurz bildlich vorzustellen.

»Ich würde die Passagiere in der Käufer- und in der Verkäuferreihe fragen, was sie wissen, denn wir müssen ja nur erfahren, *warum* sie kaufen oder eben verkaufen wollen«, meinte Bernd *13* selbstbewusst. Norbert pflichtete ihm durch kräftiges Kopfnicken bei.

»Aber bringt es uns denn einen wirklichen Mehrwert, wenn wir wissen, *warum* der eine oder andere in einer der beiden Reihen ist?«, gab Philip zu bedenken. Er bekam sofort ein zweifaches »Klar doch!« um die Ohren gehauen, was nicht verwunderlich war, war er doch früher selbst auch der Meinung gewesen, dass es zu den wichtigsten Aufgabe eines Händlers gehörte, das Warum eines Kursanstiegs und das Wieso eines Kursrutsches zu erforschen.

... Einmal – Philip war gerade wieder dabei, in den unendlichen Weiten des Internets das »Warum wurde meine Position gerade in den Boden gestampft« zu recherchieren – kam Hofner an Philips Schreibtisch und fragte ihn, ob er in einem Ordermenü jemals eine Abfragezeile gesehen habe, in die der *Grund* des Kaufes oder der Positionsschließung eingegeben werden musste. Philips verblüfftes »Nein!« nahm Hofner mit einem Kopfnicken entgegen und zog das Internetkabel aus Philips Laptop, nahm wortlos einen mit Anmerkungen gespickten Zeitschriftenstapel von Philips Schreibtisch und warf diesen mit einem lauten Knall in den Müll. Auf dem Weg zurück an seinen Arbeitsplatz sagte Hofner wie beiläufig: »– Dann hör auf, so zu tun, als hätten die anderen so ein Fenster oder so eine Abfragezeile!«

Auch wenn ihn diese rüde Live-Beerdigung seiner kostbaren Zeitungsartikel kostete, musste Philip, nachdem Hofner und Sander ihm die Preisstellung an der Börse erklärt hatten, zugeben, dass das *Wieso* nicht den geringsten Mehrwert für das Zustandekommen eines Preises bei der Börse hatte! Seinen beiden Zuhörern gab er nun zu bedenken, dass die Stewardess – also die Börse – die Preise ja auch völlig unabhängig vom »Warum« stellte und die Beweggründe doch auch keinerlei Bedeutung für die Preisstellung hätten.

»Also, noch mal: Ihr wisst nichts, ihr hört nichts, ihr könnt *nur* sehen. Stellt euch vor, ihr wollt einen Preisanstieg oder einen Preisrutsch vorausahnen. Was müsste am Wagen der Stewardess passieren?«

»Na ja, in dem Fall müssten wir sehen, welche Reihe besser besetzt ist, die der Käufer oder die der Verkäufer«, schlug Bernd *13* vor. »Vielleicht wäre es sogar noch einfacher, wenn man sich statt der Sitzreihen die Leute hintereinander gereiht vorstellen würde, da bräuchte man doch nur die Reihenlänge vergleichen und würde gleich sehen können, welche länger ist: die der Käufer oder die der Verkäufer«, spann Bernd *13* seinen Gedanken weiter, bemerkte aber gleich selbst, dass es ja auch sein könnte, dass fünfzig Verkäufer jeweils ein Klimbim verkaufen wollten, in der Schlange der Käufer hingegen nur einer stand, der aber hundert Stück dieses Klimbims kaufen wollte. Daher konnte man an der *Länge* der Schlange wohl doch nichts ablesen.

»Da hast du allerdings Recht«, meinte Philip und schlug, um die Erklärung zu vereinfachen, vor, dass jeder Käufer und jeder Verkäufer immer nur dieselbe Einheit, sprich Menge, ordern dürfe. So blieb das Beispiel für alle praktikabel.

»Na gut, dann würde es ja passen«, schaltete sich Norbert nun ein. »Je nach Länge der Schlange sehen wir jetzt, ob der Preis steigt oder fällt.«

Philip nickte Norbert anerkennend zu. »Die Antwort auf die Frage, ob ein Wert steigt oder fällt, liegt im Angebot oder der Nachfrage. Je nachdem, was überwiegt.« Philip zog erneut das Beispiel der Stewardess heran. »Stellt euch jetzt mal vor, dass die Schlange der Käufer länger ist. Würde das für uns unbeteiligte Dritte als Hinweis ausreichen, um einen Trade durchzuführen?«

»Na, Ha-l-l-o. *Logisch*! Ich würde Haus und Hof, am besten noch meine Frau dazu, auf long verwetten.«

Philip kannte die Frau von Bernd *13* zwar nicht, ging dennoch erst mal davon aus, dass dieser sie nicht verlieren wollte, und fragte daher, ob er sich einmal überlegt habe, *warum* er in einer Aktie oder einem Markt *long* ging.

»Ich will Plus machen.«

»Genauer bitte. – Viel genauer!«

»Weil man davon ausgeht, dass der Wert steigt«, sagte Norbert, woraufhin Philip aber gleich die Frage in den Raum stellte, ob dieser momentane und vermutete Zustand wirklich für einen Trade reichen würde.

Bernd *13* wackelte mit dem Kopf und überlegte, während Norbert die Stewardess mit ihrem Servierwagen fixierte und sich das Ganze bildlich vorzustellen versuchte.

Nachdem Philip den beiden eine kleine Denkpause gegönnt hatte, erklärte er, dass der einzige Grund, warum ein spekulativ orientierter Trader sich in einen Wert *long* positioniert, ist, dass er weiß, dass *nach ihm* noch weitere Trader diese Werte kaufen wollen. Philip musste davon ausgehen, dass das als Erklärung noch nicht ausreichte, und schob deshalb noch nach, dass der Auftrag eines *Interessenten,* der auf der Tribüne oder auf der Auswechselbank steht, für die Börse nichts anderes darstellt als den hochgereckten Zeigefinger und den Zuruf: »Ich will mitspielen!«. Mit einer Positionszuweisung wurde dieser Ruf erhört, und der ehemalige Interessent steht nun als Mitspieler irgendwo auf dem Spielfeld des Marktes »positioniert«. Und dies so lange, wie er diese Position nicht abgibt. Fälschlicherweise hat er das Gefühl, dabei zu sein und mitzumachen, auch wenn er am Handel während seiner Zeit auf dem Spielfeld tatsächlich nicht teilnimmt. »Wenn ich einen Wert gekauft habe, bin ich *kein* Bestandteil des Börsenhandels mehr. Jetzt entscheiden einzig und allein die *anderen* Trader, die noch im Spiel sind und Positionen abgeben, oder Interessenten mit hochgerecktem Zeigefinger darüber, ob der Wert steigt oder fällt. *Nur* die anderen. Ich selbst bin draußen. Ich muss mich jetzt in die verbleibenden Spieler hineindenken, und damit sind meine *eigenen* Gedanken rund um den Trade belanglos. – Es wird nur noch von den anderen Marktteilnehmern entschieden, wohin die Reise geht!«

»Wenn ich also sehen würde«, begann Norbert daraufhin seine Gedanken langsam zu ordnen, »dass von dort«, er zeigte auf das Ende des Flugzeugs, »noch weitere Käufer kommen, dann wäre der Trade sinnvoll, weil ich davon ausgehen kann, dass die Käufer nach mir den Preis hochtreiben.«

Philip nickte bestätigend. »Wenn du aus dem Fenster schaust und siehst noch so eine Riesen-Mega-Boeing, randvoll mit Käufern, rankommen, dann kannst du hier und jetzt beruhigt kaufen und dich zurücklehnen.«

Norbert schlug sich leicht an die Stirn, und Bernd *13* tat es ihm nach. »Klingt einleuchtend.«

Klar, aber Philip wusste, dass die wenigsten spekulativ orientierten Trader ihre Aufgaben so formulierten. »Es heißt entweder: ›Wer kauft nach mir?‹ oder: ›Wer verkauft nach mir?‹ und somit: ›Aus welcher Richtung und in welcher Höhe kommt der Flieger?‹ Diese Frage ist das Überlebenselixier!«, fasste Philip zusammen.

Bernd *13* saß nun irgendwie versteinert da. Nicht, dass Philips Aussage ihm auf einmal eine gänzlich neue Welt eröffnet hätte. Nein, was ihn so tief in seinen Sitz rutschen ließ, war die Tatsache, dass er sein Trading bisher noch kein einziges Mal unter diesem an sich *selbstverständlichen* Gesichtspunkt durchgeführt hatte! Die gemütliche, die bisher scheinbar sichere Welt von Bernd *13* zerbrach in Stücke, und das direkt vor den lebhaften Blicken von Norbert und Philip. Bernd *13* verstand urplötzlich, dass er lediglich *zockte* und nie nach der Bedeutung eines Trades gefragt hatte. Ihm wurde plötzlich klar, dass er immer nur auf *Zeit* gespielt hatte: »Das wird schon steigen, du wirst sehen …! Keine Angst, das steigt schon …«, und sich nie, aber auch wirklich niemals mit der Frage der anfliegenden Boeings, sprich der kommenden Marktteilnehmer und ihrer Anflugrichtung, auseinandergesetzt hatte.

Philip versuchte, Bernd *13* aufzumuntern, indem er sagte: »So lange eine Katze jung ist, spielt sie mit Papierkügelchen, weil sie die für lebendig hält.

Aber wenn sie älter geworden ist, weiß sie dann, was das ist, und lässt sie links liegen. So ist es auch mit der Anwendung von Tipps und Signalen. Irgendwann ist man so weit, dass man fragt: Was will mir dieses Signal eigentlich sagen? Wo steckt der tiefere Sinn? Was soll oder wird an dieser Stelle, zu diesem Zeitpunkt des Signals mit den Marktteilnehmern passieren? *Wieso* sollten nach dem Signalpunkt *weitere* Käufer oder Verkäufer in den Markt treten? Was soll sich dort im Orderbuch nach meiner Order noch verändern?«

Bernd *13* saß da wie betäubt und spielte geistesabwesend mit den Tasten seiner TV-Bedienung. Es war deutlich zu erkennen, dass er angestrengt über Philips Worte nachdachte. »Du hast wahrscheinlich Recht. Weißt du, noch während ich das getan habe, hatte ich gerade in letzter Zeit öfter das Gefühl, dass meine Überlegungen zu meinen Trades möglicherweise nicht ohne Fehler sind.«

Der meist nüchterne, an sich aber verlässliche Verstand eines Tradinganfängers richtet seine Aufmerksamkeit zu Beginn unwillkürlich immer nur auf die Definition von Analysen und Signalen. Er beschäftigt sich also nur mit den Handelsmöglichkeiten. Daher handelt der Neuling oft vollkommen arglos, aber wie ein feuchtes Schwämmchen, welches nur das wieder von sich gibt, was es *ohne* besonders tiefgründiges Hinterfragen in sich aufgespeichert hat, indem er, sobald er etwas im Chart wahrnimmt, was zu den aufgesaugten vielen Bildern und Regelwerken passt, dieses mit großer Freude in seine Begründung für einen Trade einfließen lässt.

Norbert versuchte, das Beispiel mit der Stewardess auf den reellen Börsenhandel anzuwenden. Lachend hob Philip beide Hände zu einer abwehrenden Geste. »Kümmert euch nicht um die theoretischen Hintergründe dessen, was den Markt auf bestimmte Niveaus treiben könnte oder fallen gelassen hat oder umgekehrt. Kümmert euch eher darum, welche Chartkonstellationen Trader dazu gebracht haben könnten, den Markt zu kaufen oder zu verkaufen – und damit meine ich die Orderlage. Also, wo könnten Orders von Marktteilnehmern liegen? Wo werden Trader ausgestoppt, wo könnten sie Positionen drehen? Wo und wann entstehen neue Positionseröffnungen? Und all diese Fragen müssen wir dann immer noch im elementaren Zusammenspiel der Zeiteinheiten und Handelsausrichtungen betrachten.« Philip unterstrich seine Aussage, indem er die beiden eindringlich darauf hinwies, sie sollten eines niemals vergessen: Hinter dem Geld an der Börse stehen Menschen; und Menschen sind gierig. Diese Gier ist wie ein wildes Tier. Wenn der passende Zeitpunkt kommt und die Gier so groß wird, dass sie sich von der Kette losreißen kann, lässt sie die Menschen fast alles Greifbare kaufen; egal, wo der Markt vorher gestanden hat und wie hoch er steigt oder wie tief er fällt. Die Gier bringt Menschen dazu, dass sie nur noch eines wollen: mehr Geld, noch mehr Geld, noch viel mehr Geld.«

Bernd *13* wagte die Frage an Philip, ob das Traden mit dieser Markttechnik auch in den neuen Reverse-Bonus-Zertifikaten möglich sei?

... *Zertifikate-Bonus-Waaaas?*

»Keine Ahnung, die Dinger kenne ich nicht«, erwiderte Philip. »Aber eigentlich musst du ja nur auf den zugrunde liegenden Basiswert schauen und dort dann die Markttechnik anwenden.«

»– Wie jetzt?« Bernd *13* war offensichtlich vollkommen unverständlich, dass Philip diese neue Art Zertifikate nicht kannte. »Ich denke, du machst den ganzen Tag Börsenhandel?«

»Tut mir leid, mit diesen Dingern kenne ich mich wirklich nicht aus!«

Bernd *13* schaute Philip schief an, waren doch exakt diese Zertifikate aufgrund ihrer Beschaffenheit zurzeit in aller Munde. Norbert wurde jetzt auch hellhörig. Hatte Bernd *13* womöglich gerade einen Hochstapler entlarvt? Bernd *13* startete einen weiteren Test, um Philips Glaubwürdigkeit zu überprüfen. Doch auch bei seiner Frage nach einer bestimmten Fondsart musste Philip passen.

»Jungs!«, Philips atmete tief aus, »wisst ihr wie viele Börsenplätze es auf der Welt gibt?«

Zweimal zögerliches Kopfschütteln.

»Wisst ihr, wie groß das Universum mit *börsengehandelten Papieren* ist?«

Etwas weniger zögerliches Schütteln zweier Köpfe.

»Dann wisst ihr wohl auch nicht«, bohrte Philip weiter, »wie groß das Universum mit *synthetischen*, also zusammengebastelten Produkten ist, die sich wiederum auf dieses Universum börsengehandelter Papiere beziehen?«

Zwei Achselpaare zuckten.

»Wie viele Bücher über den Börsenhandel gibt es schätzungsweise?«, sprach Philip Bernd *13* jetzt direkt an.

Bernd *13* winkte ab. »Hunderte. Wenn wir den amerikanischen Markt dazu nehmen, Tausende.«

Philip fasste mit verkniffenen Mundwinkeln und rollenden Augen zusammen. »Mal angenommen, es gäbe eine Menge Börsenplätze, in denen jeweils sehr viele Märkte abgedeckt werden, die wiederum aus einer wahnsinnig großen Anzahl von verschiedenen gehandelten Basiswerten bestehen. Wenn nun über dieses Universum noch ein viel größeres Paralleluniversum von synthetischen Produkten geschnürt wird und dieser ungeheure Riesenhaufen von Märkten, Werten, Papieren und Produkten wiederum mit jeweils Tausenden von unterschiedlichen Methoden, Signalen, Systemen und Überlegungen gehandelt werden kann ...« Philip holte tief Luft. »Denkt ihr beiden da ernsthaft, dass ich der Dompteur in diesem Zirkus bin, der über jede kleinste Neuerung Bescheid weiß und dass mein Arbeitstag wirklich darin besteht, mich mit dem Geraune und Gemunkel, der Werbung und dem Tratsch über die neuesten Ideen auseinanderzusetzen?«

Bernd *13* wollte schon nicken, schließlich hatte Philip gerade Bernd *13*s eigenen Arbeitstag beschrieben. Im letzten Moment unterließ er es dann aber lieber.

Philip konnte Bernds Skepsis gegenüber Philips scheinbarem Mangel an Fachwissen dennoch nachvollziehen. War er doch in seinen Praktikumsjahren genauso damit beschäftigt gewesen, sich sämtliche Neuerungen und scheinbares Fachwissen über alle Arten von handelbaren Werten, Märkten und Produkten, sozusagen über Gott und die Welt, reinzuziehen.

Norbert und Bernd *13* hielten kurzzeitig Ruhe und Philip betrachtete die anderen Passagiere der Business Class. Betont unbeteiligt nahm er dann die einlaminierten Sicherheitshinweise zur Hand und ließ seinen Blick darüber wandern: Notausgänge, Sitzposition bei Notlandung, wenn Schwimmwesten benötigt werden, helfen Sie bitte zunächst älteren Menschen und Kindern. – *Oh Gott.* Warum sah man sich das überhaupt an? Was hatte man davon, sich kleine Strichmännchen anzugucken, die ins Meer springen, während hinter ihnen das Flugzeug explodiert?

Schnell stopfte Philip die Sicherheitshinweise wieder in die Tasche an der Rückenlehne vor sich und trank noch einen letzten Schluck Cola. Dabei wanderte sein Blick wieder auf die andere Seite des Fliegers, aber die attraktive Frau schien sich leider sehr intensiv für das Entertainmentprogramm des Fluges zu interessieren.

Unter den neidischen Blicken eines vorbeigehenden Passagiers mümmelte Philip den Rest seines Sandwichs, dann versuchte er zu schlafen. Wie er an den diversen Schnarchgeräuschen in seiner Umgebung deutlich vernehmen konnte, schien das seinen Mitreisenden recht gut zu gelingen, nur ihm nicht. Er hatte im Flugzeug noch nie gut schlafen können, was aber nicht heißen sollte, dass er kein Vertrauen in die Flugkünste der Piloten hatte.

Philip schaute hinüber zu seiner Angebeteten, musste aber enttäuscht feststellen, dass auch sie mittlerweile friedlich schlummerte.

Ach, was soll's.

Philip war gerade am Wegdämmern, da hörte er, dass Bernd *13* sich angeregt mit seinem Sitznachbarn, einem jungen Österreicher, unterhielt: »... ha, du musst dir mal Öl anschauen!«

Philip drehte sich auf die andere Seite, nur um plötzlich von der Frau in der Nachbarreihe angesprochen zu werden: »– Sie ... sie sind doch Börsenhändler?«

Ja, Himmelarschundzwirn! Hört das denn gar nicht mehr auf? Gleich heißt es, Visitenkarten austauschen! Nein, so geht das einfach nicht. Dass Trader immer wie Exoten behandelt werden, wusste Philip nur allzu gut. Ihm war sein Beruf mittlerweile fast schon peinlich. – *Himmel, um nicht noch mal anzufangen ... am besten einfach Understatement, die Unterhaltung in eine andere Richtung lenken und hoffen, dass dann Ruhe einkehrt.*

»Ach, hin und wieder mal ein Trade. Aber am liebsten reise ich durch die Weltgeschichte«, sülzte Philip gähnend und legte, Enthusiasmus heuchelnd, die Hand aufs Herz. »Thailand hat es mir einfach angetan. Ich liebe das Flair dort!« Die Frau hob eine Augenbraue. Nach Philips Einschätzung musste sie so um die sechzig sein. »Fliegen Sie auch in den Urlaub?« Er versuchte, weiter vom Thema abzulenken. Sie nickte unbeeindruckt und ihre riesigen Silberohrringe begannen zu baumeln. – *Oh, oh!* Philip spürte, dass der Themenwechsel nicht zog.

»Ich höre Ihnen notgedrungen schon die ganze Zeit zu«, erklärte sie resolut, schüttelte den Kopf und schaute ihn verächtlich an. »Und wie ich gerade hören musste«, sie schaute in Bernd *13s* Richtung, »habt ihr Spekulanten nach Hightech-Aktien und Immobilienkrediten ja nun auch den Rohstoffmarkt entdeckt. SCHÄMEN Sie sich eigentlich nicht?«

Was? – OH GOTT, was ist denn in die gefahren?

Während Philips Kinnlade nach unten klappte, zog die Frau demonstrativ ihre Handtasche näher zu sich heran. »Ihre Orders und Milliarden treiben die Preise in astronomische Höhen, mit bösen Folgen für die Menschen –« Sie wartete gar nicht erst auf eine Reaktion. »Im vergangenen Jahr stand das Öl noch bei 70 Dollar, Anfang März kletterte es auf über 100, vergangene Woche schloss es bei der neuen Rekordmarke von 140. Wo soll das denn noch hinführen?«

Während Philip den Kloß in seiner Kehle hinunterschluckte, drehte sich Bernd *13* um, klinkte sich in das Gespräch ein und erinnerte, die aktuelle Situation völlig fehlinterpretierend, stolz an die letzten Stunden: »Angebot und Nachfrage. Alles Angebot und Nachfrage!«

Ogottogottogott.

Philip stöhnte innerlich. Die Dinge, die die Frau angesprochen hatte, waren sehr kompliziert und mit dem einfachen, wenngleich richtigen, Verweis auf Angebot und Nachfrage nicht befriedigend zu beantworten. Aber in dieses Kreuzfeuer wollte Philip nicht geraten, da er wusste, dass bei dem Thema richtig schwere Geschütze aufgefahren werden konnten.

»*So so, Angebot und Nachfrage!* Na, da machen Sie es sich aber verdammt einfach!«, mischte sich nun, von Bernd *13s* Antwort sichtlich aufgebracht, auch der Ehemann der Silberohrringe in die Unterhaltung ein. »Nehmen wir mal den Kakao. Der Preis ist 2007 um mehr als die Hälfte gestiegen, obwohl es genügend davon gibt. Mit Angebot und Nachfrage kann das ja kaum noch etwas zu tun haben. Und ein Sack Reis kostet heute fast dreimal so viel wie zu Jahresbeginn. Weizen, Mais und Sojabohnen erzielten dieses Jahr ebenfalls Spitzenpreise.«

Themenwechsel. Themenwechsel. Aber dalli!

Während Philip mit großen Augen den Ehemann mit seinem marineblauen Anzug, dem weißen Hemd, der roten Seidenkrawatte und dem vollen, fein säuberlich gescheitelten, silbergrauen Haar betrachtete, legte Norbert in seiner Unwissenheit noch einen drauf.

»Gold soll ja auch so seine wilde Achterbahnfahrt durchmachen!«

Autsch!

»Und den Kram braucht ja nun wirklich kaum jemand!«, jetzt redete sich auch der Ehemann jetzt in Rage. »Öl hingegen ist der Schmierstoff der Wirtschaft. Wenn es immer teurer wird, gerät der Konjunkturmotor ins Stottern – «

»Ganz zu schweigen von Weizen und Reis!«, unterbrach ihn seine Frau. »Das sind, im wahrsten Sinne des Wortes, Lebensmittel: Wenn die immer mehr kosten, müssen arme Menschen hungern, vielleicht sogar verhungern. Wo soll das nur hinführen?«

Beruhigend streichelte ihr Mann ihre Hand. »Reg dich nicht auf! Das hat doch keinen Sinn!«

»Sie sind alle so skrupellos!«, musste sie noch loswerden und warf Philip, Norbert und Bernd *13* tief verächtliche Blicke zu.

Du lieber Himmel.

Philip linste zu ihr hinüber. Die Muskeln an ihrem Unterkiefer zuckten. – *Ist sie etwa sauer auf mich?* Die Spannung zwischen dem älteren Ehepaar und den dreien war inzwischen fast körperlich spürbar. Philip war sich nicht sicher, wie er sie entschärfen sollte, denn er hatte ein gute Vorstellung davon, worauf dieses Gespräch hinauslaufen würde:

Kredite für Schrottimmobilien waren gestern der Hit, heute lockten Gold und Zinn, Weizen und Soja, Reis und Öl. Philip wusste, dass das Barrel Öl jahrzehntelang grade mal um die zehn Dollar gekostet hatte. Natürlich hatten aufstrebende Staaten wie China, Indien oder Brasilien die Nachfrage angeheizt und den Preis für den Rohstoff nach oben getrieben. Aber richtig grundlegend wurde dieser Markt durch die großen Pensions- und Investmentfonds verändert. Auf der Suche nach sicheren und langfristigen Renditen investierten diese Großanleger nun auch in Rohstoff-Indizes. Diese Anlagen versprachen eine vielfach höhere Rendite als Aktieninvestments. Je mehr die Fonds investierten, desto stärker stiegen die Preise – zumal der Markt für spekulative Rohstoffpapiere sehr klein war. Schon geringe Umschichtungen in den Portfolios der großen Fondsgesellschaften konnten den Ölpreis in die Höhe schnellen lassen. Allein am Tag vor Philips Abflug war er etwa zwölf Dollar gestiegen. Früher hätte der Markt für denselben Preisanstieg Jahre gebraucht.

Auf der anderen Seite, so wusste Philip, konnten oder wollten viele Trader die spezifischen Regeln ihres jüngsten Spielzeugs, des Rohstoffmarktes, oft nur oberflächlich verstehen. Sie handelten wegen Nachrichten, die keine Bedeutung hatten, und neuerdings reichte bereits ein Regenschauer aus, um beim Reis eine Kursrallye auszulösen – eine schlechte Ernte könnte ja das Angebot verknappen: gut fürs Geschäft, Preise also rauf. Beim Öl sorgte mitunter schon Nebel in irgendeinem Hafen für Panik am Markt – weil einige Tanker ihre Ladung dann nicht löschen konnten.

»Das Verhältnis von Fördermengen und Verbrauch, die seit Jahren wachsende Nachfrage in China oder Unruhen im Nahen Osten: Nichts davon konnte die aktuelle Preisexplosion beim Öl verständlich machen« , redete sich der Ehemann nun noch weiter in Rage. »Dafür tragen allein die Spekulanten die Verantwortung! Die schüren absichtlich die pure Hysterie und nutzen jeden Vorwand aus, um die Preise nach oben zu treiben.« Der Ehemann tätschelte die Hand seiner Frau. »Und am aggressivsten sind diese Hedgefonds, die riesige Summen einsammeln, um sie dann auf extrem spekulative Weise einzusetzen. Wenn alles gut geht, erwirtschaften die für ihre Anleger Traumrenditen – und für ihre Manager unvorstellbare Gehälter.« Der Ehemann kam jetzt vom Hundertsten ins Tausendste und schimpfte auch auf das Börsenfernsehen, welches wieder zur Hochform auflief, denn die Businesskanäle heizten die Stimmung nach Kräften zusätzlich an. Wo früher Wetternachrichten kamen, liefen jetzt aktuelle Kurswerte für Gold, Silber, Gas und Öl über die Bildschirme. Unter Hochspannung diskutierten Moderatoren, Investoren und Analysten, denen es natürlich darum ging, wie sich am besten davon profitieren ließ. Wütend beendete er seinen Monolog mit den Worten: »Der Finanzindustrie wird durch fehlende Regulierung erlaubt, viel zu profitabel und viel zu groß zu werden. Damit bietet sie den idealen Nährboden für diesen globalen Gaga-Kapitalismus.«

Gaga-Kapitalismus ... Philip musste grinsen.

»Wo soll das nur hinführen, wenn ihr Spekulanten euch alle durch den Preisanstieg beim Öl die Taschen vollstopft und euch bereichert«, schimpfte die Frau. Ihre riesigen Ohrringe baumelten wieder hin und her.

Bereichern?

Philip kam einer seiner letzten Trades im Öl in den Sinn. Da konnte, weiß Gott, nicht von Bereicherung die Rede sein:

Es muss vor einigen Tagen so gegen 14 Uhr gewesen sein. Sein Traderherz tat einen riesigen Sprung. – *Mann! Der Chart war einfach zum Anbeißen!* Der Öl-Future bog sich nach einer ausgedehnten Korrektur langsam nach oben und stand kurz vor dem Allzeithoch, welches in der Woche zuvor bei 139,15 Dollar gelegen hatte.

Order Filled

Buy CrudeOil 10@136,20 ID=2863168.

Philip kaufte auf dem Weg nach oben in Richtung neuer Schlagzeilen wie »Ölpreis-Schock« zehn Kontrakte in der Hoffnung, dass die einsetzende zügige *Bewegung* den Markt über das noch knapp drei Dollar entfernte Hoch schieben würde. Den Stopp für diesen Trade legte er an ein zurückliegendes Korrekturtief bei 134,20 Dollar.

Nach Positionseröffnung ging Philip seiner normalen Arbeit nach, das hieß: Er blödelte ein bisschen mit Claudia rum. Eine halbe Stunde später stieß er beim Betrachten seiner Positionen einen lauten Pfiff aus.

Name	Position	Traded	P/L Points	P/L	Time	Last Quote	Bid	Ask
CrudeOil	+10 K	136,20	+1,20	+12.500$	14:40:07	137,40	137,425	137,430

Seine Augen begannen zu leuchten. »Holla, das ging aber fix!« Er schnippte mit den Fingern. »Andererseits ...«, er schaute angestrengt auf den Bildschirm, und seine Miene wurde skeptisch und nachdenklich. Als Hofner fragte, was mit ihm sei, antwortete Philip, er wisse nicht recht und stellte die Gegenfrage, ob es normal sei, dass Freude aufkomme, wenn der Ölmarkt steige.

Dies sei eine moralisch korrekte Frage, gab Hofner zurück, deren Antwort jedoch nicht so ohne Weiteres klar auf der Hand liege, denn Trader müssten traden, unabhängig davon, ob der Preis dies noch rechtfertigte oder sich die Leute aufregten. Da er von Philip hierauf verdutzte Blicke erntete, konkretisierte er: »Sind wir ehrlich, würde sich, im Gegensatz zu steigenden Preisen, kaum jemand bei einem Trader beschweren, wenn dieser die Preise eines Marktes weiter fallen ließe, sofern beispielsweise ein entstandener Abwärtstrend nur noch weitere Short-Positionen zur Folge hätte.« Wo Hofner Recht hatte, hatte er Recht. »Dennoch bleibt die Frage der Moral«, fuhr Hofner fort. »Hier müssten gesetzliche Regelungen her, die aber zum einen schwer definierbar und zum anderen noch schwerer in die Tat umzusetzen wären. – So. Aber jetzt den Stopp nachziehen. Dalli, dalli ...«, drängte Hofner Philip mit Blick auf dessen Öl-Trade.

Name	Position	Traded	P/L Points	P/L	Time	Last Quote	Bid	Ask
CrudeOil	+10 K	136,20	+1,30	+12.900$	14:45:07	137,50	137,525	137,60

Philip hatte die automatische Stoppführung des Computers ausgeschaltet und zog daher den Stopp von Hand an die 135,50, dem gerade deutlich ausgeprägten Korrekturtief auf dem zusammenscalierten Tickchart. Anschließend schlenderte er zu Sander hinüber. Die beiden quatschten über Gott und die Welt, und Philip ahnte nicht, dass ihm bei seinem Stopp ein fataler Fehler unterlaufen war. Während sie an Sanders Arbeitsplatz die Weiten des Internet nach einem bestimmten Roman absurften, begann der Ölmarkt zu fallen und näherte sich der Schwelle von 135,50 Dollar. Genau der Marke, die Philip für seinen Ausstieg und die Verwandlung in Bargeld festgelegt hatte. Philip konnte den Chart des Öl-Future auch auf Sanders

Bildschirmen sehen; er hatte daher keine Veranlassung, an seinen Platz zurückzukehren, und nahm zwei Minuten später ungerührt zur Kenntnis, dass das Öl in einem Rutsch auf 135,00 Dollar und damit unter seinen Stopp fiel. Durch das Gespräch mit Sander abgelenkt, bemerkte Philip jedoch nicht, dass das gewohnte akustische Signal zur Bestätigung einer ausgeführten Order nicht erklang. Es konnte auch gar nicht kommen, denn Philipp hatte statt einer *Stopp-Order* eine *Stopp-Limit-Order* aufgegeben. Das war im Grunde eine Unterart der klassischen *Stopp-Order,* nur mit der weiteren Bedingung, dass die Order dann nicht üblicherweise bestens, sondern nur zu einem Mindest- beziehungsweise Höchstkurs ausgeführt werden durfte. Genau dieses Verkaufslimit hatte Philip fälschlicherweise so belassen wie den eigentlichen Stopp-Kurs selbst, also auf 135,50 Dollar. Dies führte nun dazu, dass, als der Markt fiel, seine Stopp-Order zwar ausgelöst, das nachfolgende Limit zum eigentlichen Verkauf jedoch vom Markt bereits unterschritten war. Damit behielt Philip, trotz fallenden Marktes, seine Long-Positionen, und trotz Stopp-Order kam es zu einem herben Verlust. Von dem Philip nur noch nichts ahnte.

»Toll!« Philip zeigte auf Sanders obersten rechten der acht Bildschirme. »Da hat's mich angepisst. Na ja, Gott sei Dank bin ich raus.« Beide sahen, wie das Öl gerade zügig die 133,20 Dollar passierte.

»Phi-lip, Te-le-fon!«, quietschte Claudia und bedeutete ihm, das Gespräch an seinen Platz durchzustellen. Es war André, der Programmierer, der seit Tagen daran arbeitete, für Philip eine Filterlogik in die Sprache von Bits und Bytes umzusetzen. Während Philip ein paar Details mit ihm diskutierte, fiel sein Blick ganz nebenbei auf seinen Öl-Chart. Komisch, die Stopp-Order ist im Chart noch eingezeichnet …

Wieso das denn?

Was sagt denn mein Orderbu-?

Ach du … SCHRECK!!

Name	Position	Traded	P/L Points	P/L	Time	Last Quote	Bid	Ask
CrudeOil	+10 K	136,20	-3,00	-30.000$	14:57:11	133,20	133,225	133,230

»Sorry, André. Muss Schluss machen jetzt, ich rufe dich später oder morgen zurück!«, beendete Philip das Telefonat. Er fühlte sich, als hätte ihm gerade ein Riese die Faust in den Magen gerammt.

Das gibt es doch nicht!

Ich bin noch drin?

Wieso bin ich noch drin?!

Während er noch nach einer Erklärung suchte, rauschte der Markt um einen weiteren Dollar nach unten, und sein Selbstwertgefühl als Trader sank in diesem Moment in sich zusammen wie ein zu schnell aus dem Ofen genommenes Soufflé. Philip stützte den Kopf in die Hand, schloss seine Augen und versuchte, gegen das Adrenalin in seinem Blut anzukämpfen. Seine Gedanken rasten.

Scheiße, Herrgott! Was jetzt?

Was tun? Position halten und hoffen? Oder raus?

Nichts da!

Philip kippte die Hoffnung über Bord und schloss ohne zu zögern die Position mit einen Klick.

Order Filled

Sell CrudeOil 10@133,20 ID=2918186.

Sander erkannte an Philips Kopfschütteln und seinem wütenden: »Das Scheiß-Limit klemmt noch im Markt!«, dass es Zeit war, diesen Markt genauer unter die Lupe zu nehmen. Er erkannte auf seinem 10-Minuten-Chart, dass der Öl-Future den Hochpunkt der letzten Woche nicht erreicht, sondern ein Stück vorher abgedreht und daher einen tieferen Hochpunkt ausgebildet hatte und nun kurz vor dem letzten größeren Korrekturtief stand.

»Geh und tu's, Philip!«, meinte Sander nach einem nochmaligen, prüfenden Blick auf den Chart. »Versuche das Ding jetzt auf der Short-Seite zu traden, dann kannst du einen Teil vielleicht wieder gutmachen.«

Philip war klar, dass Sander diesen Trade nicht aus Frust über ein Minus vorschlug, sondern einzig und allein wegen des bevorstehenden Durchbruchs des zurückliegenden Tiefpunkts, der in dieser Chartsituation, einem kleineren 1-2-3- auf 10-Minuten innerhalb des übergeordneten nach wie vor intakten Aufwärtstrends, entstand.

Philip war damit einverstanden, sich beim Bruch des einstigen Korrekturtiefs *short* einstoppen zu lassen und den Versuch zu starten, das entstandene Minus herauszuhandeln. Der Markt rutschte wenige Minuten später unter dieses Tief, stoppte die Position ein und fiel mit einem einzigen Ruck um einen weiteren Dollar. Philip schloss die Position in die laufende Bewegung hinein. Dieser Trade lief gegen die übergeordnete Zeiteinheit, daher war mehr als Vorsicht geboten, die sich in einer geringen Kontraktanzahl und im Verzicht auf den *Handel des Trends* in *dieser* Zeiteinheit niederschlug. Das Öl fiel um weitere 50 Cent, legte dann kurz vor 16 Uhr wieder zwei Dollar zu, nur um anschließend neue Tagestiefs zu erreichen. Philip ließ sich beim Durchbruch durch diese Tiefs weitere Male *short* einstoppen, schlug auch hier die jeweils fünf Kontrakte, die er leer verkauft hatte, jedes Mal mit einem netten Gewinn von circa einem Dollar los, hatte aber damit den Verlust aus dem ersten Trade gerade mal unter 5.000 Dollar gedrückt.

Philip tradete auf dem Tickchart weiter und bis 18 Uhr hatte er das Minus auf 3.000 Dollar verringert.

– So viel zu dem Vorwurf der älteren Dame: »Jeder Trade im Öl bringt Reichtum.« Okay, die eingefahrenen 40.000 Dollar Plus beim vorangegangenen Anstieg des Öl-Futures von 130 auf 134 verschwieg Philip jetzt mal besser.

Philip nahm eine bequemere Position in dem engen Flugzeugsitz ein und versuchte, mit wohlbedachten und trotzdem ehrlichen Worten der Dame mit den Silberohrringen zu erklären, worum es aus seiner Sicht beim Handel mit Öl ging: »Ich gebe Ihnen Recht. Wir verdienen an der Bewegung des Ölmarktes. Auch ich als Berufshändler frage mich wie Hunderte Millionen von Verbrauchern auf der ganzen Welt, wohin dieser Preisanstieg eigentlich noch führen soll. Auch wenn wir mit Rohstoffen handeln, gehen die hohen Nahrungsmittelpreise und die dadurch verursachten Unruhen in zahlreichen Ländern nicht ganz spurlos an uns vorbei –«

»Und was tun Sie dagegen?«, fiel ihm der Ehemann ins Wort. »In Indonesien fordern Demonstranten mehr Geld für die Bauern. Die Bürger von Haiti haben ihren Premierminister wegen der Lebensmittelpreise zum Teufel gejagt, und die Menschen in Burkina Faso legten ihr Land tagelang durch einen Generalstreik lahm. In Somalia feuern Soldaten, um die Lage in den Griff zu bekommen, auf Zehntausende ihrer aufgebrachten Mitbürger. Mais hat sich extrem verteuert, ist aber in Mexiko ein Grundnahrungsmittel. Der mexikanische Präsident lässt den Ärmsten im Land Geld auszahlen, um das Elend zu lindern. Überall in Europa protestieren Betroffene gegen die hohen Spritpreise. Bauern, Fischer, Taxi- und Fernfahrer – ihnen allen bleibt am Ende des Monats trotzdem immer weniger zum Leben!«

Philip nickte stumm. Der Mann hatte ja irgendwo Recht und Philip saß auf verlorenem Posten, denn bei der Frage, die hier im Raum stand, ging es nicht um die Funktionsweise der Rohstoffmärkte, sondern um den Sinn ihres Bestehens. Philip nippte an seiner Coladose. *– Leer, na, das passt ja ...*

»Aber die Börse ist doch fair, da kann doch keiner bescheißen!«, quatschte Bernd *13* sich mal wieder ins Unglück.

»Sie finden es also fair«, fauchte der Ehemann ihn an, »dass immer mehr Menschen um ihre Existenz fürchten müssen und gleichzeitig die Lebenshaltungskosten immer weiter steigen? Die Bundesbank hat die Inflationsprognose drastisch angehoben!«

Au Scheiße ... Tumult auf Flug AL2349.

Während Philip tiefer in seinen Sitz rutschte und gedanklich nach einem Fallschirm Ausschau hielt, legte die Ehefrau noch einen drauf: »Ich glaube nicht, dass die Preise zwangsläufig, quasi naturgegeben, so steigen, weil das

Angebot hinter der Nachfrage herhinkt. Sondern dass da andere, heimliche Kräfte am Werk sind.« Sie schaute Bernd *13* und Philip böse an. »Solche Spekulanten wie ihr, die sich die zunehmende Knappheit von Ressourcen zunutze machen, um schnell viel Geld zu verdienen. – Es ist nicht einfach, solche Argumente rübergeschickt zu kriegen, stimmt's?«

Pfffhhhh ... da sag mal einer was dazu ...

Philip wurde aber doch neugierig. »Sagen Sie, sind Sie vom Fach?«, fragte er die Dame mit den Silberohrringen und deren Ehemann direkt.

Der ältere Herr grinste, wenn auch etwas halbherzig, nun zum ersten Mal und schüttelte verneinend den Kopf. »Nein, ganz im Gegenteil! Meine Frau und ich arbeiten bei einem internationalen Kinderhilfswerk.«

Philip schaute leicht betrübt. Er hatte so etwas wie eine Vorahnung gehabt, dass beide irgendwie direkt von den Preisanstiegen betroffen sein mussten, sonst wären sie nicht so offensichtlich wütend gewesen. Aber ein internationales Kinderhilfswerk? Das wäre ihm nicht im Traum eingefallen. Er betete innerlich nur, dass sie nicht die Frage aufwarfen, die ihn selbst und so manchen anderen ihm bekannten Trader bereits seit Längerem beschäftigte. Aber zu spät! Da kam sie schon:

»Das Ganze hier ist nicht nur eine ökonomische, sondern auch eine ethische und höchst moralische Frage. Von der Antwort hängt eine Menge ab. Unter anderem die Glaubwürdigkeit unseres Wirtschaftssystems!«, betonte der Ehemann.

Autsch!

Da war sie! Die Frage, die Philip auch schon Hofner gestellt hatte. Auf der einen Seite die Moral, auf der anderen Seite war er nun mal Trader. Und schlimmer noch: Ein anderer Job würde bedeuten, um sechs Uhr aufzustehen, um in irgendeine Firma zu tappen und sich mehrfach im Laufe des Tages vom Chef runterputzen zu lassen. Vier fragende Augenpaare blickten Philip an. Das Ehepaar, das offensichtlich auf eine Entschuldigung wartete, sowie Bernd *13* und Norbert, die anscheinend auf eine knackige Verteidigungsrede im Namen aller Trader dieser Welt warteten.

Warum kann am Flugzeug jetzt nicht mal eine Turbine ausfallen? Nur so. Wir müssen ja nicht gleich abstürzen. Ein ordentliches Luftloch würde auch schon weiterhelfen ...

Während Philip noch überlegte, wie er die Brisanz dieser Frage unauffällig entschärfen könnte, bekämpfte Bernd *13* das Feuer tapfer mit Benzin: »Ich gebe zu, dass wir Spekulanten mitunter auf den Rohstoffmärkten zu Gange sind, aber gleichzeitig behaupte ich, wir haben wenig Einfluss auf die Preise. Und wenn doch, dann ist das im Ganzen betrachtet nur positiv, weil sich die Menschheit damit umso schneller auf das Unausweichliche, nämlich die zunehmende Knappheit der Ressourcen, vorbereiten kann. Das Angebot ist knapp und wird langfristig die Nachfrage nicht decken können. Und darauf haben Spekulanten nun wirklich keinen Einfluss.«

Au Backe ...

Philip verdeckte seine Augen mit der Hand, rieb dabei leicht seine Stirn und tat so, als würde er über Bernd *13s* Worte nachdenken. Das Ehepaar kannte sich aus, das stand für Philip durch den bisherigen Verlauf des Gesprächs fest. Jetzt wird es erst richtig losgehen.

Der Ehemann schoss sofort scharf zurück. »Das ist doch nicht wahr! Im Gegenteil! Die Geldschwemme von den Börsen treibt die Preise nach oben – und zwar mit einer potenziell zerstörerischen Wirkung! Je weiter sich die Preise von der Realität entfernen, desto stärker wächst eine andere Gefahr: dass sich eine Blase bildet, vergleichbar mit den Börsenkursen am *Neuen Markt*. Ein Crash wäre unvermeidlich!«

»Na, das wäre doch für die Autofahrer und die Hungernden in Afrika eine gute Botschaft«, erwiderte Bernd *13* nonchalant.

Großartig.

Echt GROSSARTIG.

Ja, spinnt der denn total?

Oder ... meint er das vielleicht auch noch ernst?!

Wenn die Blicke der Ehefrau würden töten können, Bernd *13* wäre jetzt erledigt gewesen. Philip machte Bernd *13* mit dem Zeichen des Kehledurchschneidens unmissverständlich deutlich, er solle einfach die Klappe halten, denn dessen Aussagen waren *nur* oberflächlich betrachtet richtig. Bei einem Crash würden die Finanzmärkte erneut in Turbulenzen geraten und somit Fonds und Banken in Schwierigkeiten. Philip wusste, sagte es aber nicht, dass Spekulationen zu aberwitzigen Übertreibungen mit realen Folgen für die Wirtschaft führen konnten, weil Spekulanten und Hedgefonds dann nicht mehr nur auf Aktien oder Haushypotheken, die beiden letzten großen Lieblinge der Szene, wetten würden, sondern auch gezielt auf die Rohstoffmärkte. Denen war gleichgültig, ob Preise stiegen oder fielen, solange sie sich nur bewegten. Daran wurde verdient. Dass dadurch die Preisschwankungen an den oft wenig liquiden Märkten verstärkt wurden, nahmen alle in Kauf. Kurz gesagt: Die Wirkung war Teil der Strategie. Tag für Tag würde eine weitere beziehungsweise zusätzliche Milliarde Dollar in die Rohstoffmärkte drängen; an manchen Tagen sogar mehr als das. – *Mhm!*

Philip fand, vielleicht wegen dieser Gedanken, keinen rechten Einstieg in das Gespräch.

»Ihr alle seid die Auswüchse der modernen Finanzmärkte, die die Weltwirtschaft erschüttern!«, hielt der Ehemann das Feuer aufrecht. »Meiner Meinung nach wird dadurch wieder einmal bestätigt, dass sich die Finanzmärkte zu einem Monster entwickelt haben, das in die Schranken gewiesen werden muss. Die Finanzwirtschaft hat sich komplett von der Realwirtschaft abgekoppelt!«

Das gab Philip ein Stichwort. »Das ist richtig, ein Großteil der Trades, die in diesem Sektor gemacht werden, hat mit realen Gütern nichts mehr zu tun. Hier werden Erwartungen gehandelt. Zum Teil sogar Erwartungen über Erwartungen, und das oft auf Pump, weil das Geld, das hier verdient werden kann, alle Dimensionen sprengt –«

»Ganz meine Rede!«, fühlte sich die Dame mit den Silberohrringen bestätigt.

»Aber ich sehe es nicht so, dass sich diese Geschäfte *komplett* von der Realwirtschaft abkoppeln«, hielt Philip dagegen. Während die Frau ein wenig verdutzt dreinschaute, strahlte Bernd *13* bereits voller Vorfreude in der Erwartung, dass Philip das Ehepaar nun schachmatt setzen würde. Doch das Gegenteil passierte. Philip musste, wollte er fair bleiben, seinen Berufsstand *gleichermaßen* loben und tadeln. »Ich finde, dass diese Geschäfte doch auf die reale Wirtschaft durchschlagen. Sie können sie zum einen beflügeln – wie in den Jahren des jüngsten Aufschwungs. Aber sie können die Realwirtschaft auch in den Abgrund reißen – wie wir es im Zuge der jüngsten Kreditkrise sehen.«

»Oder nehmen wir Russland.« Der Ehemann zog noch ein weiteres Beispiel aus seiner Trickkiste. »In Moskau zockten Spekulanten so lange mit kurzfristigen russischen Schuldverschreibungen, bis Russland zahlungsunfähig war. So kommt es, dass sich eine Krise nach der anderen anbahnt, während die letzte noch gar nicht ausgestanden ist: Nach der Blase ist vor der Blase. Wieder sind wir bei den Rohstoffen. Alle setzen auf alles, was Geld bringt.« Seine Frau nickte so zustimmend, dass die großen Ohrringe wieder hin und her baumelten.

»Moment, Moment.« Philip beugte sich vor. »Ist es nicht so, dass in den Reihen des großen Beschwerdechors auch eine große Einheitsfront unzähliger Kleinanleger enthalten ist, die in Rohstoffe investiert, in Indexfonds, die die Rohstoffpreise nachbilden, oder in Zertifikate? Sie alle wollten ein bisschen am großen Rad mitdrehen, oder etwa nicht?«

»Na, die paar Euro …«, wiegelte der Ehemann ab, wohl wissend, dass Philip nicht ganz Unrecht hatte.

Philip legte nach. »Aber nicht nur sie: Beteiligt sind auch Pensionsfonds, die etwa das Geld für die Alterssicherung verwalten. Also nur auf den einzelnen institutionellen Trader zu schimpfen, wäre ungerecht, mal ganz zu schweigen von den Investmentfonds.«

»Was soll denn damit sein?«, fragte der Ehemann. Seine Augen blinzelten unter den buschigen Brauen.

»Investmentfonds bedeuten Millionen Kleinanleger, die ihr Geld, statt selbst beim Onlinebroker zu handeln, einem Fonds anvertraut haben. Erst steckten diese Fonds das Geld der Anleger in Internetfirmen, dann in Immobilien und jetzt sind Landwirtschaft und die Energiemärkte an der Reihe. Spekulation ist natürlich nicht nur das Geschäft der großen Finanzjongleure. Millionen Kleinanleger sind, bewusst oder unbewusst, Teil des Spiels. Rohstoffwetten sichern – wenn nichts danebengeht – ihre Altersvorsorge ab, sie gehören zur Diversifizierungsstrategie ihrer Lebensversicherungen und Investmentfonds, sogar mit ihren vermögenswirksamen Leistungen können Arbeitnehmer in Deutschland in einen Fonds einzahlen und werden dafür noch vom Staat belohnt. Und längst ist es auch kleinen Anlegern möglich, konkrete Einsätze auf den Öl- oder Weizenkurs mit Zertifikaten zu platzieren.«

Die Miene der Ehefrau umwölkte sich nachdenklich. Ihr Mann hingegen wollte Philips Einwurf nicht gelten lassen und verwies auf die boomende Zertifikate-Industrie: »Erst mit über 300.000 täglich an den Börsen gehandelten synthetischen Papieren kann doch jeder Kleinanleger auch auf die Entwicklung des Preises für Super bleifrei, Zink oder Sojamehl wetten. Aus meiner Sicht kommt das Rohstoffthema der Zertifikate-Industrie wie gerufen, um noch einmal ordentlich Kunden anzulocken, da die Aktienmärkte zurzeit ohnehin nicht so gut laufen!«

Mit einem kleinen Nicken bestätigte Philip, dass ethische Bedenken in der Regel nicht in den Werbeprospekten standen. Dort war auch nicht vermerkt, dass der Privatanleger für seinen Einsatz an anderer Stelle bezahlte, etwa beim Tanken oder in der Bäckerei. Und kaum jemand sprach offen davon, dass mit den lukrativen Fondskursen auch die Lebensmittelpreise in Afrika stiegen.

Beide, Philip und der Ehemann, waren sich darin einig, dass zurzeit jeder darauf spekulierte, dass die Preise der Rohstoffe weiter steigen würden, weil auch die Nachfrage stieg und das Angebot begrenzt war. Ohne Öl lief nun mal nichts in der Weltwirtschaft: Die aufstrebenden Länder Asiens brauchen immer mehr davon. Oder bei Lebensmitteln: In China etwa können sich mehr und mehr Menschen Fleisch leisten; um ein Kilo Schweinefleisch zu erzeugen, braucht man aber drei Kilogramm Futter. Und gleichzeitig werden auf vielen Äckern Pflanzen angebaut, die sich in Biodiesel umwandeln lassen. Der Trend ist also eindeutig und doch erklärt er den steilen Preisanstieg nur ansatzweise. Denn so kurzfristig ändern sich Lebensgewohnheiten und mit ihr die Nachfrage nicht. So kurzfristig verändern sich nur Erwartungen – und die treiben die Preise immer weiter.

»Aber niemand weiß«, entgegnete der Ehemann, »was Öl kosten würde, wenn es die Spekulationen nicht gäbe. Eins ist allerdings ganz sicher: Billiger wäre es auf jeden Fall. Wenn es aber billiger wäre, müssten alle weniger für

Benzin zahlen und für Heizung und warmes Wasser. Dann hätten die Menschen mehr zum Leben und zum Konsumieren, dann würde nicht immer mehr Geld dem Wirtschaftskreislauf entzogen.«

Philip war sprachlos. Die Aufmerksamkeit aller blieb auf ihn gerichtet und er atmete mit einem lauten »Pfffff...« aus. Eigentlich hatte er genug. Ermattet lehnte er sich in seinen Sitz zurück, holte ein Taschentuch hervor und wischte sich Gesicht und Nacken ab. Er sehnte sich nach einem entspannenden Flirt mit dem Objekt seines Interesses auf der anderen Gangseite. Das Gespräch mit seinen Sitznachbarn glich bisher jedenfalls eher einer Schachpartie denn einem zufälligen Smalltalk hoch über den Wolken auf dem Weg in den Urlaub. Das Ehepaar hatte seine Figuren eingesetzt und diese ihrem Plan gemäß gezogen. Philip hatte sofort pariert und anschließend versucht, Einwand um Einwand zu entkräften, nur um sich dem nächsten messerscharfen Argument gegenüberzusehen. Eine Glanzleistung! Wieder eine Linie auf dem Schachbrett abgeschnitten.

»Der Punkt geht an Sie«, gab Philip zu. »Wenn Öl billiger wäre, gäbe es weniger Inflation und man müsste die Zinsen nicht so hoch halten. Niedrigere Zinsen würden die Wirtschaft stimulieren und den Höhenflug des Euro bremsen, was wiederum der Konjunktur zugute käme – schlussendlich mit positiven Folgen für den Arbeitsmarkt. So aber ist der Aufschwung in Gefahr und viele Jobs sind es auch.«

Genau wie Philip wussten auch seine beiden Kontrahenten, dass Inflation nicht nur Waren verteuert, sondern den Wohlstand umverteilt, weil sie den Armen mehr schadet als den Reichen. – *Aber, Himmelherrgott er war Trader.* Philip hielt das Gespräch für beendet und wollte sich gerade zurücklehnen. Doch die Silberohrringe ließen immer noch nicht locker: »Und trotzdem ist das alles vergleichsweise harmlos gegen eure Spekulationen mit Nahrungsmitteln!« Ihre Augen blitzten wieder auf. »Da geht es nicht nur um Lebenshaltungskosten, da geht es, im Extremfall, um Leben. Wenn die Preise steigen, können sich die Armen die Nahrungsmittel nicht mehr leisten. Herrgott noch mal, sie hungern!«

Philip schaute verlegen zu Boden. Welche Antwortzüge blieben ihm noch? Keine Argumentation der Welt hielt einem solchen moralischen Feuersturm stand, im Gegenteil, jedes fachliche Argument würde versengen, wenn nicht gar in ihm verbrennen. *Puh.*

Stille.

Nun komm schon, Philip, lass dir was einfallen!

»Ja, da kommt plötzlich nichts mehr«, fuhr die Frau fort. »Das ist genau die Seite, die ihr Spekulanten gern verdrängt. Ihr seht nur die schnell verdienten Dollars und überseht, was ihr damit anrichtet.« Damit hatte sie zweifellos Recht. Es war klar, dass der Fantasiekosmos eines Traders und die

Realwirtschaft nicht mit ein paar Sätzen unter einen Hut zu bringen waren und es daher fast zwangsläufig zu Verzerrungen an den Märkten kam.

Grundsätzlich konnte Philip sich als Börsenhändler jedoch nichts vorwerfen. Die in einen Markt strömenden spekulativen Gelder konnten in seinen Augen den Handel durchaus zum Vorteil aller beflügeln, außerdem trug der einzelne Trader nicht die Verantwortung für die Auswirkungen auf die Marktwirtschaft. Doch ihm war sonnenklar, dass die Erfolgsgeschichte der Globalisierung stockte. Zu Beginn hatte sie Millionen Menschen aus der Armut geholfen, aber jetzt zeigte sich ihr hässliches Doppelgesicht: Auf einer Hälfte des Globus wuchs der Hunger wieder und auf der anderen der Profit.

Philip wusste, dass Wissenschaftler seit geraumer Zeit warnten, in Zukunft sei mit immer mehr hungernden Menschen zu rechnen. Doch davon wollte er jetzt lieber nicht sprechen, um die Stimmung nicht noch mehr anzuheizen. Die Spekulanten wurden durch diese Nachricht allerdings erst richtig aufgeweckt. Vor allem Reis, zuvor ein an den Warenterminbörsen eher wenig beachtetes Nischenprodukt, geriet ins Visier. Schnell machten Zahlen die Runde, dass sich die Hälfte der Menschheit, vor allem in Asien und Afrika, hauptsächlich von Reis ernährte. Die Banken reagierten ebenfalls prompt. »Partizipieren Sie an dem Nahrungsmittel Nummer eins in Asien«, las er in einer Zertifikatswerbung. Da Indien den Export von Reis verboten hatte, würden »die weltweiten Vorräte auf ein Minimum sinken«, beschrieb der Werbetext – und implizierte damit eine tolle Anlagechance. – *Naja, manchmal ist die Welt schon verrückt. Aber so ist das halt!*

»Der Scheffel Weizen, eine biblische Größe, wird in den Spekulantenbüros rund um die Welt zur abstrakten Zahl, auf die sich gut wetten lässt – und hat nichts mehr mit dem echten Wert des Grundnahrungsmittels zu tun«, setzte die Frau ihre Argumentation fort.

Nun ist es doch aber auch mal gut mit dem Thema!!!

Philip beschloss jetzt, einen geordneten Rückzug zu blasen. Es war klar, dass hier zwei Welten aufeinanderprallten: Für die eine stand er selbst als Händler – und aus Sicht des älteren Herren damit für alle Hedgefonds und Investmentgesellschaften –, für die andere stand der Ehemann als Sachwalter der Bauern und Getreidehändler. Für Philip und gleichzeitig für jeden Händler der Welt waren Ölfässer oder Baumwollballen nur abstrakte Begriffe. Für den Ehemann hingegen waren es reale Produkte, die man anfassen und, im wahrsten Sinn des Wortes, begreifen konnte; und mit denen man sich ganz real die Hände schmutzig machte, wenn man sie handelte, wie die Spekulanten es taten.

»Einen, wenn auch kleinen, Versuch hast du noch«, dachte sich Philip und schnappte nach dem letzten – wenngleich klassischen – Strohhalm: »Aber über die Warenterminbörse und den Einsatz von *Futures* können doch alle Bauern, Farmer und Getreidegroßhändler ihre Produkte bereits verkaufen und Menge, Preis und Liefertermin fest vereinbaren, selbst wenn ihre Ähren noch im Wind auf dem Acker wehen. Sie können sich so gegen Unwetter absichern. Ebenso hilft der Terminmarkt ihnen, allzu große Preisschwankungen abzufedern und die Lieferung ihrer Ware zu steuern. Das gilt nicht nur bei Agrarprodukten, sondern auch für Metalle und Energie.« Obwohl Philip wusste, dass die Warenterminbörsen ein perfektes Casino für Spekulanten darstellten, die allein durch ihre Masse das Geschehen bestimmten, hoffte er, das Ehepaar damit etwas milder zu stimmen.

»Ein berechtigter Einwand«, gab der Ehemann zu. »Trotzdem werden die Preise für Weizen, Reis oder Schweinefleisch von jeher zwischen Bauern, Händlern und ihren Kunden ausgemacht. Auch an den Rohstoffbörsen läuft das normalerweise so. Stimmt doch, oder?«

Philip nickte. – *Okay, das war's dann …* Wenn der ältere Mann jetzt noch mit dem Thema der realen Lieferungen weitermachte, war Kapitulation angesagt.

Und so kam es denn auch: »Irgendwann kommt es bei Termingeschäften am Ende zur tatsächlichen Lieferung der Ware. Zumindest sollte es so sein. Aber damit ist es weitgehend vorbei. Mittlerweile wird allein in Chicago, an der weltgrößten Warenterminbörse, mit Future-Scheinen das Dreißigfache der US-Jahresproduktion an Getreide gehandelt. Das ist doch irre! Und nehmen wir Baumwolle: Ihr Preis ist binnen weniger Wochen um mehr als die Hälfte angestiegen! Dabei konnten die Farmer bisher noch nicht mal die Hälfte ihrer Ernte vom Vorjahr verkaufen. Die Lager sind so voll wie zuletzt vor fünfzig Jahren. Eigentlich stehen alle Zeichen auf Preisverfall. Der Realtausch ist zu einem Ausnahmefall an den Börsen geworden. Beim Weizen etwa wechseln an den Laufzeitenden nur noch fünf Prozent der gehandelten Menge tatsächlich den Besitzer.«

Herrgott noch mal, wo ist die weiße Fahne?

»Ihr Spekulanten und Finanzjongleure bestimmt jetzt die Preise«, sagte der Ehemann grimmig. »Blöd ist nur, dass ihr keinerlei Interesse habt, den Unmengen Getreide in eurer Verfügungsgewalt auch nur nahe zu kommen oder sie physisch auszuliefern!«

Schachmatt! Vielleicht im falschen Ton. Aber mit richtigen Fakten.

»Ein klassisches Lehrstück hierzu ist die Tulpenmanie im Holland des 17. Jahrhunderts …«, begann nun der Ehemann in der Börsenhistorie zu stöbern.

Oh je, jetzt auch noch diese urururalte Geschichte! Bitte nicht!!!

Der Ehemann berichtete unter der ungeteilten Aufmerksamkeit von Bernd *13* und Norbert, dass besonders begehrte Zwiebeln etwa der Sorte »Viceroy« im Jahr 1636, auf dem Höhepunkt der Blase, Preise im Gegenwert eines ganzen Hauses erzielten. Alle Bevölkerungsschichten waren der Hysterie verfallen. Dann aber brach der Glaube an eine dauerhaft goldene Zukunft der

Tulpe ohne erkennbaren Grund zusammen. Bei einer Tulpenauktion in Haarlem im Februar 1637 hob sich, als die erste Zwiebel unter den Hammer kam, kein einziger Finger. Der Auktionator senkte den Preis – doch niemand rührte sich. Dann setzte ein Verkaufsrun ein, der die Preise völlig zusammenbrechen ließ. Ein ganzes Land stürzte in eine tiefe Depression. Sogar der Staat musste, wie so oft nach heißen Spekulationen, eingreifen: Der damals schon gängige Terminhandel wurde verboten. Von der Kanzel herab geißelten die Pfarrer die Spekulanten. Sie sahen in dem Geschehen eine Strafe Gottes für die lästerliche Geldgier und Dummheit der Massen. »Gescheiterte Spekulationen, denen Not und Elend folgten, gab es«, so der Ehemann, »seit die Menschen Handel treiben. Und immer ist es jener verhängnisvolle Zweiklang aus überbordender Liquidität und Spekulantentum, der einen Markt erst steigen, dann explodieren und anschließend in sich zusammenbrechen lässt.«

Mit einem heftigen Ruck sackte das Flugzeug plötzlich für einen Moment nach unten, stabilisierte sich aber danach sofort wieder. Ein Raunen ging durch die Passagiere, in den vorderen Reihen fing ein Baby an zu schreien. »Ein Luftloch«, bemerkte Norbert nüchtern.

Philip nutzte die Gunst der Stunde, um Reue zu demonstrieren. »Spekulanten gab es schon immer, das zeigt der Blick in die Geschichte ganz richtig. Spekulationsblasen sind daher keine Eigenart der heutigen Zeit. Jede Generation«, so Philip weiter, »hat ihre eigene Spekulation zu bewältigen, hat selbst zu erleben, wie grenzenloser Optimismus in Verzweiflung umschlägt und todsichere Investitionsgelegenheiten binnen kürzester Zeit zum Straßenwitz verkommen. Der Bogen reicht vom Run auf die South Sea Company im Jahre 1720 über die britische Eisenbahnblase 1846 und die – der Weltwirtschaftskrise von 1929 vorangehende – Aktienrallye bis zur New Economy.«

»Der dem zugrunde liegende verbrecherische Wahnsinn offenbart sich immer erst hinterher«, schimpfte der Ehemann dazwischen.

Nun ja, das konnte man so oder so sehen, dachte Philip für sich, denn die kühnsten Spekulanten stoßen je nach ihrer »Großtat« entweder auf Spott oder auf Bewunderung. Zum Beispiel begründete George Soros erfolgreiche Milliardenwette gegen das britische Pfund im Jahr 1992 dauerhaft dessen Ruhm als eiskalter Zocker. Andere dagegen landeten im Knast. Wie zum Beispiel Nick Leeson, jener junge englische Aktienhändler, der Mitte der Neunzigerjahre über 800 Millionen Pfund verzockte. – *Autsch*. Als die Verluste nicht mehr zu verbergen waren, hinterließ er am Arbeitsplatz die kurze Notiz »Tut mir leid« und machte sich davon. Wenig später brach sein Arbeitgeber Barings, Englands älteste Investmentbank, zusammen. – *Eieiei*.

Philip lenkte ein. »Dass sich die Milliardenwetten so häufen wie in den vergangenen Jahren, ist wirklich neu, das muss ich zugeben. Mit daran schuld sind ohne Frage die modernen Finanzinstrumente ...«

»... die der Großinvestor Warren Buffett schon seit Langem und zu Recht als Massenvernichtungswaffen bezeichnet!«, fiel der Ehemann Philip ins Wort.

Meine Güte, woher weiß er DAS denn nun schon wieder?

Den Gedanken, der ihn wenigstens teilweise hätte retten können, nämlich dass diese Waffen ihre Wirkung doch nur entfalten konnten, weil staatliche Notenbanken das notwendige Umfeld schufen, behielt Philip für sich. Denn Fakt ist, dass noch nie zuvor in der Geschichte die Welt von einer derartigen Geldflut überschwemmt wurde. Dies lag in der von den großen Volkswirtschaften im Trend nach unten zeigenden Zinskurve begründet; mit der Folge, dass die Geldmenge entsprechend wuchs. Denn: Wenn mehr Kapital weniger Zinseinkommen bringt, sucht das Kapital automatisch nach ertragsstärkeren Investitionen. Es ist relativ leicht, der Spur dieses Kapitals zu folgen – denn dieser, zusammengefasst riesige, Geldstrom hinterlässt ein breites Flussbett in jedem Markt, den er überflutet.

Wieder sackte das Flugzeug durch. Die Frau befragte, direkt nachdem sie alle angeschnallt waren, Philip zu seinem Einkommen. Philip erwiderte, dass dies doch hier nichts zur Sache tue, und sie hakte ironisch nach, ob es sich erst im oberen sechsstelligen oder bereits im siebenstelligen Bereich bewege und wie sich so ein Leben in Saus und Braus denn anfühle.

Mein lieber Scholli!

Wo lebt die denn?

Ich bin doch nicht Onkel Dagobert, der wilde Partys im mit Geld aufgefüllten Swimmingpool veranstaltet.

Als sie noch einmal fragte, ob er denn nicht so viel Geld verdiene, dass er sich alles kaufen könne, was er wolle, weigerte er sich erneut, Zahlen zu nennen. *Es war eindeutig Zeit, das Thema zu wechseln.* Philip erklärte der Runde, dass er in einem kleinen und älteren Haus mit Garten wohne, dass er seit drei Jahren den gleichen Wagen fahre und dass er kein Sommerhaus, keine 60-Meter-Jacht, keine Kunstsammlung und auch sonst keine ausgefallenen Hobbys habe, sondern sein Geld teils spare und teils wieder in die Börse investiere. »Wenn ich in einen normalen Laden gehe und etwas sehe, das mir gefällt, dann kann ich es mir wahrscheinlich kaufen. Aber ich war schon immer ein eher genügsamer Mensch und neige mehr zum Sparen als zum sinnlosen Geldausgeben.«

»Trotzdem. Bei euch Spekulanten sollte der Staat eingreifen ...«, zischte sie verbittert.

»Bringen wir es auf den Punkt«, meinte Philip, um der Diskussion nun endlich mal ein Ende zu bereiten. »Wir brauchen keine Eingriffe des Staates, keine Gesetze, keine Regelwerke, keine regulierenden Wirtschaftssysteme, wenn alles, was geschieht, schlichtweg dem Diktat der Vernunft genügen würde. Nicht mehr und nicht weniger.«

Mit diesem kleinsten gemeinsamen, wenn auch utopischen und dies sicherlich auch bleibenden Nenner mussten und konnten sich alle einverstanden erklären und widmeten sich nun ihren Gurten.

»Sehr geehrte Fluggäste«, erklang eine Stimme aus dem Lautsprecher, und alle hoben ihre Köpfe, »hier spricht der Kapitän. Wir erleben soeben Clear-Air-Turbulenzen. Möglicherweise bleibt es weiterhin etwas unruhig. Wir haben die ›Anschnallen‹-Schilder wieder angeschaltet und bitten Sie, sich schnellstmöglich zu Ihren Sitzen zu begeben und dieser Aufforderung Folge zu leisten.«

Nach einigen Minuten kehrte in allen Sitzreihen langsam Ruhe ein. Nach sieben Stunden Flug wurden nun die ersten Decken über müde, verspannte Körper gebreitet. Norbert hatte sich nach der »Wirtschaftsdiskussion« eine Schlaftablette eingeworfen; »Die First Class des kleinen Mannes«, hatte er dazu gegrinst und diese mit dem Rest aus seiner Dose Bier heruntergespült.

*

Philip blätterte gelangweilt in einer der von den Stewardessen zu Beginn des Fluges verteilten Zeitschriften. Zufällig war es ein Börsenmagazin. Darin war auch nichts Neues über den konkreten Handel zu erfahren. Nur dass man dringend in Aktien investieren sollte, so wie das eigentlich schon seit Jahren in fast jeder Ausgabe nahezu jeder börsenbezogenen Illustrierten gepredigt wurde. Wie hätte es auch anders sein sollen? Würden die Herausgeber den Redakteuren wohl erlauben zu schreiben: »Bitte kaufen Sie heute und die nächsten drei Monate dieses Magazin nicht, denn der DAX befindet sich in einem Abwärtstrend und eine mittelfristige Anlage wäre daher momentan eher Geld vernichtend. Dieser Tipp ist ebenso kostenlos wie der Tipp, diese Zeitung nicht zu kaufen.«? Eher nicht.

Gelangweilt legte Philip das Magazin beiseite, streckte sich und schaute sich ein wenig in der Kabine um. Die meisten Fluggäste waren inzwischen in ihren Economy-Schlaf gesunken: die Reisegruppe rechts hinter ihm, das ältere Ehepaar mit den jetzt vielen Decken neben ihm und Bernd *13* vor ihm. Norbert hatte die Augen ebenfalls geschlossen, auch wenn sein Atemrhythmus verriet, dass er noch nicht eingeschlafen war.

Philips Herz flüsterte: »Guck doch mal!«, und das heimelige Gefühl pirschte sich heran. »Philip, jetzt guck doch mal, wie süß die Lady schläft«, zischte sein Herz. *JAHAAA!!! Ich guck ja schon!*

Er fischte aus der Tasche unter seinem Sitz behutsam sein Tradingtagebuch hervor. Beim wahllosen Durchblättern erkannte er mal wieder, dass er sich der unglaublichen Bedeutung der Gedanken und Worte, die ihm sein Geist zu

Beginn seiner Aufzeichnungen rund um einen Trade in die Feder geschoben hatte, definitiv nicht bewusst gewesen war. Oh ja, Philip dachte viel an das Trading; meistens voller Begeisterung und dennoch manchmal zutiefst angewidert.

Seit längerer Zeit schon hatte er mit jeder Zeile, die er schrieb, immer besser begriffen, wie eng sein ganzes Leben mit Charts, Kursen und Trades – kurzum: mit dem ganzen Börsenschlamassel – verflochten war. Sander hatte es vor Jahren einmal so zusammengefasst: Die Börse machte es ihm, gerade in seinen ersten Jahren, schier unmöglich, sie auch nur eine Stunde zu vergessen. Vor allem abends, häufig sogar nachts beschäftigte sie ihn, er konnte einfach nicht loslassen. Hin und wieder bedauerte er es zutiefst, einen solch verlässlichen Begleiter sein eigen zu nennen. Genau deswegen schrieb er besonders abends sehr überschwängliche Zeilen, denn irgendwie musste er seinen Gefühlen ein Ventil verschaffen.

Als Philip nun gezielt wieder die ersten Seiten überflog, musste er schmunzeln. Diese beinhalteten seine To-do-Liste als Trader. Immer, wenn ein Tagebuch voll war und er ein neues begann, übernahm er diese Liste und führte sie fort. Die ersten Einträge stammten also noch vom Beginn seiner Tradinglaufbahn:

1. *Hör endlich auf, Verluste so ansteigen zu lassen.*
2. *Lies mehr! Hol mehr Analysen ein.*
3. *Widme dem Handel mehr Zeit!!! Die Börse hat fast rum um die Uhr auf!!*
4. *Informiere dich gründlicher. Recherchiere mehr!*

…

…

7. *Mach auch mal eine Pause.*

Die Punkte 8 bis 11 waren auch nicht schlecht, denn sie lauteten erneut wie Punkt 1-4.

…

…

14. *Such dir schon mal einen neuen Job. Das wird so nichts mit dem Handel.*
15. *Wann bestehst du endlich all die Prüfungen, die dir deine Emotionalität auferlegt?*

…

…

35. *Stell dich niiie mehr gegen den Trend.* (Geschrieben ungefähr im dritten Jahr seiner Lehrzeit.)

…

…

40. *Der Tod des Kontos ist die Unmöglichkeit weiterer Möglichkeiten, meinte Hofner heute.*

Philip schaute auf. »Der Tod des Kontos als die Unmöglichkeit weiterer Möglichkeiten«, wiederholte er halblaut. Ein starker Gedanke. Er blätterte weiter und las die neueren Einträge der letzten Jahre.

80. Wann hörst du auf, den ganzen Tag davor zu hocken???
81. Weniger ist mehr, wann hörst du auf, den ganzen Tag vor der Kiste zu sitzen?
*82. Widme dich mehr deinen Arbeitsstilen statt deinen Handelsstilen.**

Interessant, wie sich im Lauf der Jahre die To-do-Liste eines Traders ändern konnte. Während Philips Horizont vom Gegensatz der Stichpunkte *3* und *82* wie von zwei allmählich ineinander fließenden Wolkenzügen verfinstert wurde, genoss er in zehntausend Metern Flughöhe die Freiheit, seinen Gedanken nachzuhängen – und er wunderte sich: Es gab Menschen, die *verdammten* das Trading! Philip schaute bei dieser Überlegung mit schweren Augenlidern zu dem älteren Ehepaar hinüber, das jetzt *Gott sei Dank* friedlich schlief. Dann gab es Menschen, die *missverstanden* das Trading. Philip blickte auf den Sitz vor sich und freute sich über Bernd *13s* Schnarchen. Interessanterweise gab es Menschen, die das Trading *bewunderten,* ohne in der Materie drinzustecken, wie zum Beispiel Norbert. Und zu guter Letzt gab es Menschen wie Philip, die gelernt hatten, das Trading als eine, von vielen möglichen Arten des Geldverdienens zu lieben. Dies bewies, dass der Gefühlskatalog rund um das Thema »Börsenhandel« breit gefächert war. Aus diesem Blickwinkel waren die letzten Gespräche eigentlich interessant, da Philip die Möglichkeit hatte, allen drei Ansichten zum Thema Trading-*Bewunderung,* Trading-*Verdammnis,* Trading-*Missverständnis* und Trading-*Liebe* zeitgleich zu begegnen.

Philip kniff die Augen zusammen. Wieder einmal stellte er sich die Frage: *Trading? Was ist Trading eigentlich? Und was läuft dabei eigentlich gedanklich ab?* Er überlegte: Auf der einen Seite war da das Bewusstsein eines Traders mit dessen eigenen Gedanken – ob diese nun gezielt gesteuert waren oder nicht. Auf der anderen Seite war da *nur* ein Chart. Also so betrachtet, eine innere und eine äußere Welt, die sich beide erst im Kopf des Traders zusammenfügten.

Die auf den Trader einströmende äußere Seite, der Chart, war an sich nur eine mathematische, in Formeln gehüllte Zahlenmenge. Damit war das Urbild aller Kurse, physikalisch gesehen, im Grunde gar nicht mehr einem Menschen zuzuordnen, sondern entweder eine positive oder eine negative Zahl irgendwo in den Untiefen der Rechentechnik. Diese Zahlenmenge löste sich als Ganzes in Systemen von untereinander irgendwie zusammenhängenden Bits und Bytes und Computerprogrammen auf, um weltweit zum selben Zeitpunkt auf den Bildschirmen ein eindeutiges Bild, eben jenen

* Ausführliche praktische Hinweise hierzu sind in DER HÄNDLER Band 4 nachlesbar.

Chart, zu ergeben. Bemerkenswert war dabei, dass es in der weiten Welt selbst bei einem so einfach darzustellenden Ding wie einem Chart nur wenige Trader gab, die zum selben Zeitpunkt dasselbe über dessen Verlauf dachten. *Irre.* Man musste folglich konstatieren: Ein Trader, wenn er nur ein bisschen nachdachte, geriet gewissermaßen in recht unordentliche Gesellschaft, da er nie wusste, was die anderen Trader gerade wohl denken mochten!

Komplizierter wurde es beim Punkt der sich nach außen richtenden inneren Seite, dem Bewusstsein und den Gedanken. Es war unglaublich schwer, Nicht-Tradern und Tradinganfängern zu vermitteln, wie ein erfahrener Trader eigentlich dachte. *Echt.* Bernd 13 hatte ihn vorhin in einer ruhigen Minute gefragt, wie Philip denn während seiner Lehrjahre die Unterbindung seiner Emotionen gelungen war. Philip hatte darauf geantwortet: indem er penetrant darauf hingewiesen wurde, unablässig daran zu denken, sich selbst zu beobachten! Das bedeutet für die *ausgehende Seite,* dass sich die positivsten Einfälle und überlebensnotwendigen Einsichten durch nichts anderes einstellten, als dass man sie erwartete. In dieser Hinsicht vollzogen sich die Lösungen der geistigen Aufgaben im Trading nicht viel anders als bei einem Hund, der mit einem Stock im Maul durch eine schmale Tür will. Der Hund dreht den Kopf so lange, bis der Stock hindurchgeht – und ganz ähnlich muss es der Trader machen; bloß mit dem Unterschied, dass er mit zunehmender Erfahrung schon ungefähr weiß, wie er es anzustellen hat. Dies wiederum hat zur Folge, dass man nicht studiert haben muss, um die äußere ein- und die innere ausgehende Seite im Handel erfolgreich zu interpretieren. Auch wenn ein kluger Kopf wahrscheinlich weit mehr Geschick und Erfahrungen in den *Drehungen* entwickeln wird als ein dummer, so kommt das »Durchrutschen« für jeden gleich überraschend, egal ob studiert oder nicht. Die Lösung ist auf einmal da, und man empfindet innerlich deutliche Verblüffung darüber, dass sich die Gedanken wie von selbst entwickelt haben.

– *Moment.* Philip kniff die Augen zusammen. Was für ein Wortspiel: Aus »sich Gedanken machen« entwickelt sich »die Gedanken machen sich«. Ist das so im Börsenhandel? Machen sich die Gedanken selbst?

Ja klar. Irgendwie schon.

Wie viele Trades gab es in Philips Historie, die gar nicht auf seiner Urheberschaft beruhten? Dieses verdutzte Gefühl fernab eigenen Denkens, auch *Intuition* genannt, war im Trading gut und schlecht gleichermaßen. Gut, ja fast schon perfekt war es, wenn die Intuition auf eine Vielzahl gleichwertiger Signale angewandt wurde, um daraus einige Märkte zu favorisieren. Schlecht war es dagegen, wenn die Intuition anstelle eines Signals zur Positionierung herangezogen wurde.

Philip ließ seinen Blick geistesabwesend durch die Kabine wandern, bis er am friedlich und mit offenem Mund schlummernden Norbert hängen blieb. Er überlegte, was seinen Nachbarn denn eigentlich von ihm unterschied. Mal abgesehen von den unterschiedlichen Biografien war es vielleicht die Tatsache, dass Philip durch seine Arbeit die Möglichkeit erhalten hatte, mit seinem Selbst und seinem Ego in Beziehung zu treten. In dieser Hinsicht zwang der aktive Börsenhandel geradezu zu einer Art *digitaler Meditation;* man musste mit sich selbst gelegentlich hart ins Gericht gehen und in den Keller der eigenen Gefühlswelt hinabsteigen. In anderen Berufen war dies seines Wissens nach eher unüblich, es sei denn, man machte es freiwillig. Aber wer wollte das schon? Ein Trader wurde jedoch dazu regelrecht gezwungen. Das war auch der Grund dafür, dass sich Philips Gedanken, als er sprichwörtlich noch Frischfleisch war und jeden Morgen bei der Börseneröffnung sein Geld und seine Seele zu Markte trug, rund um einen Trade eigentlich immer in jämmerlichem Zustand befanden, denn sie bezogen ihn nicht mit ein.

Philip starrte durch eines der kleinen Flugzeugfenster auf ein paar weit entfernt rosa leuchtende Wolkenformationen und dachte dabei über die vielen Fragen von Bernd *13* und Norbert nach, und fragte sich: »Herrgott, warum ist es so schwer, gegenüber einem Nicht-Trader das Wesentliche im Trading in Worte zu fassen?« Er kritzelte in sein Tagebuch die Frage: *Wie läuft eigentlich so ein Gedanke rund um einen Trade ab?* Philip überlegte. Dann schrieb er:

> *In der Sekunde, in der eine Order ausgeführt und eine Position eröffnet wird, haben die Gedanken schon nicht mehr die Form, die sie eine Sekunde vor dem Einstieg hatten. Sie sind bereits Gedachtes und die Gedanken rund um das Warum, Wie, Wann für den Trade sind nach außen gewandt und als Mitteilung sowie Begründung an die Umwelt gerichtet. Man kann demnach sagen: Wenn ein Trader denkt, gelingt es ihm kaum, den Moment zwischen dem Persönlichen und dem Unpersönlichen – dem Warum, Wie, Wann – zu erwischen. Liegt etwa hierin der Grund für die Schwierigkeiten, einem Nicht-Trader das Denken rund um einen Trade zu erklären?*

Philip steckte seinen Stift in die Tasche zurück, als beim Zuklappen des Tagebuchs lose Blätter zum Vorschein kamen. Er erinnerte sich: Es waren Hofners Anmerkungen, in denen dieser sowohl das sich ständig drehende

Fragekarussell zu der denn nun besten Analysemethode als auch die Bedeutung des »großen Radarbildes« beschrieb. Philip hatte diese Zeilen von Hofner vor einiger Zeit zugesteckt bekommen, als Stan gerade die ersten Wochen seines Praktikums absolviert hatte.

Philip begann zu lesen ...

FACHTEIL
DER HÄNDLER

Notizzettel: Hofner, Donnerstag, 21:12 Uhr
Betreff: Vier Hochzeiten und Kühlschränke in der Antarktis

Hallo Philip,

nachdem Stan in Bangkok nun fast vier Wochen lang einen Rachefeldzug nach dem anderen gegen alle möglichen Chartverläufe unternommen hat, rief er mich nach einem weiteren total vergeigten Handelstag heute an und fragte: »In was für einer Welt lebt ein Trader eigentlich?« Ich antwortete, dass es für ihn momentan zweifellos noch eine Welt sei, die, soweit es den Umgang mit der Technischen Analyse betrifft, vor allem von falschen Leitbildern bestimmt würde. »Doch was für eine Art von Welt ist das?«, bohrte Stan weiter nach. Ich erklärte ihm, dass die Technische Analyse für ihn noch zu sehr großen Uhrwerken gleiche, die sich nach *seinem* Verständnis aus einer geordneten Anzahl von Kniffchen und Regelchen – gleich Zahnrädern und Federn – zusammensetzen und, vor dem Hintergrund einer wunderbar sprudelnden Geldquelle für schnellen Reichtum weitgehend festgelegt, nach logischer Manier funktionieren müssten.

Wir beide, du, Philip, und ich indes wissen: Unser Bambino Stan ist nun an einem Punkt angelangt, an dem er sich immer öfter dabei ertappt, über die Macken und Tücken der von ihm angewandten Technischen Analyse nachzudenken. Das ist auch gut so, denn ein Trader ist einfach so beschaffen – andauernd muss er nachdenken, überlegen, grübeln, brüten. Daher werden die Tage, an denen sich Stan den Kopf zerbricht und stundenlang, wenn nicht gar ganze Tage, rumsinniert, immer mehr zunehmen. Auslöser hierfür kann so ziemlich alles sein, beispielsweise solche Aspekte wie: »Komisch ist dieser Chartverlauf schon …« oder »Ich frage mich, wieso der Markt nun schon wieder …« oder »Wie kommt es, dass …«. Stan wird auf der einen Seite somit ein großer Verfechter der Vision sein, dass die Anwendung der Technischen Analyse der Funktionsweise eben der erwähnten großen Uhr entspricht, bei der jedes Teil des Mechanismus einen voraussagbaren Effekt auf das nächste hat. Auf der anderen Seite hingegen wird er genau diesen Umstand verteufeln und zu dem Schluss kommen wollen, dass der Börsenhandel vielmehr einem riesigen Spielcasino ähnele und viel offener für das verflixte Walten des Zufalls sei.

Im Verlauf der folgenden Wochen und Monate ist zu erwarten, dass Stan einzelne Trades – also einen winzigen Teil der Myriade von Trades – herauspickt und diese als Indiz für das Ganze wertet. Daraufhin wird er anspruchsvoller werden und sich nicht mehr zu so profanen Aussagen wie »Mensch Meier, schon wieder ging der Trade ins Minus …« oder »Da schau einer her, ich dachte, ich sähe einen Abwärtstrend – und jetzt steigt das Ding« hinreißen lassen. Wie damals auch du, lieber Philip, wird er dann aber aufs Metaphysische umsteigen: »Das ist mal wieder typisch …«, »Irgendwas hab ich an mir, was auch immer …«, »Man sagt ja immer: Niemand wird je reich mit der Technischen Analyse, warum also ich?«.

Aufgrund seiner noch unausgereiften Ansichten zum Thema »Trading« ist die Spannbreite seiner Gefühle – vom leicht zu erlernenden Ablauf eines Uhrwerks bis hin zur absoluten Unberechenbarkeit einer Spielhölle – nicht verwunderlich. Es muss daher sanft, dennoch gezielt darauf hingearbeitet werden, dass unser Bambino seine bisherige Erwartungshaltung an die Leistungsfähigkeit der Technischen Analyse brav beiseite legt und sich stattdessen mit geordneteren Ansichten und noch zielführenderen Fragen beschäftigt. Dadurch sollte er zum Verständnis gelangen, dass Trading weder ein vorhersehbares Uhrwerk noch eine unberechenbare Spielhölle, sondern genau in der Mitte von beidem angesiedelt ist. Dies ist allgemein auch unter dem Begriff »Spekulation« bekannt ..., aber dazu später mehr. ☺

… Sinn dieses Schreibens

Im Nachgang betrachtet, gilt es festzuhalten, dass auch du, Philip, damals, einer Biene gleich, von Blüte zu Blüte – in unserem Fall von Tradingansicht zu Tradingansicht – geflogen bist. Da sich unser Bambino aktuell ebenfalls auf dieser von übermäßigem Fleiß charakterisierten Rundflugstrecke befindet, möchte ich dir für den Umgang mit ihm einige Tipps mit auf den Weg geben und halte es für sinnvoll, dazu einfach einige deiner eigenen Stationen auf dem Weg ins Heute zu beleuchten. Ich möchte dir diese erneut in Erinnerung rufen, um dich zum einen im Umgang mit unserem Bambino sensibler zu machen und um dich zum anderen, solange du fernab meiner »Aufsicht« woanders weilst, immer wieder auf die Hauptaufgabe eines Spekulanten hinzuweisen.

Untersuchen wir also deine bereits durchlaufenen Stationen nach wichtigen Anhaltspunkten, beginnend mit der Anwendung der fundamentalen Nachrichten hin zur kreativen Anwendung der Technischen Analyse, gefolgt vom blinden Nachahmen guruhafter Regelwerke und schlussendlich gipfelnd in der ersten echten Begegnung mit der Markttechnik, deren Höhepunkt sich vor Jahren in den Treffen mit Jack, Tim, Alex und Vanessa widerspiegelte. *Gott, hast du damals dumm aus der Wäsche geschaut!* Auf diesen Tag werde ich später sehr ausführlich eingehen, jetzt will ich aber von vorne beginnen, dann macht es mehr Spaß ...

... ich sehe auch zu, dass ich dich nicht langweile, und bin gespannt, ob du dich wiedererkennen wirst! ☺

... deine erste Ehe

»Die fundamentalen Berichte sind nüchtern und forschend. Sie ziehen die Firma und deren Zahlen aktiv in Betracht. Sie verhören sie im Scheinwerferlicht des Datenmaterials und suchen ständig nach Beweisen für eine Über- oder Unterbewertung.« So in etwa lautete sinngemäß deine Begründung für die hohen Stapel von Berichten auf deinem Arbeitsplatz. Erinnerst du dich an deine ersten Wochen im Büro? Sobald ich auf Hinweise der Technischen Analyse zu sprechen kam, hast du jede Diskussion abgeblockt, und zwar jedes Mal mit dem selbem Argument: »Euer Chartgefummel – alles Kaffeesatzleserei.« Dabei zeigtest du jedes Mal stolz auf deine unzähligen ausgedruckten Nachrichten. Herrgott, dein Schreibtisch sah aus.☺ Du hast dich zu Beginn deiner Karriere mit den »harten Fakten« verheiratet und wolltest keine Liaison mit bunten Strichen zwischen irgendwelchen x- und y-Achsen.

Dass fundamentale oder zumindest fundamental angehauchte Berichte eine sehr beliebte Sache sind, ist nichts Neues. In nahezu allen Zeitungen, Newslettern, Börsenseiten und -briefen haben diese einen Stammplatz, Fernsehberichte über die Börsen bestehen fast vollständig aus ihnen, und die meisten Leute geben sich mit diesen pauschalen Aussagen ja auch zufrieden. Du hast sie jedenfalls damals über alles geliebt, jede Aussage todernst genommen und jede Menge Börsenbriefe abonniert, je teurer desto besser.

So vergingen die Monate und mit ihnen deine Hoffnung, diese fundamentalen Aussagen mit dem Zeithorizont deines Tradings synchronisieren zu können. Nach der einst vorschnellen Hochzeit hieß es nun plötzlich: Scheidung. Diese deine – interessanterweise – *freiwillige* Trennung war nicht ganz der neuen, vermeintlich besseren Liebe geschuldet, sondern vielmehr der von dir so empfundenen fehlenden Zärtlichkeit und der tatsächlichen fehlenden finanziellen Ausbeute in dieser ersten Ehe.

... deine zweite Ehe

Die Suche nach kurzfristig profitableren Möglichkeiten ließ also deine Liebe zu den harten Fakten von Bilanzen, News & Co. erkalten. Plötzlich lösten sich deine einstigen Attacken gegen die Technische Analyse und die Begründung, sie stelle ein Spiel mit dem Teufel dar, in Luft auf. Stattdessen versuchtest du plötzlich mit aller Kraft und weit entfernt von KGV und

Umsatzprognosen, mittels Stift, Lineal und wilden Linien die Dämonen aus den Charts zu vertreiben.

Diese zweite Hochzeit wurde von dir groß gefeiert. Schließlich erlaubte die neue Ehefrau dem Göttergatten, seine Regelwerke selbst zusammenzustellen. Du durftest nehmen, wovon du wolltest: Zwei Candlestickmuster von diesen, fünf von jenen, eine – nein, besser doch erst mal nur eine halbe – von dem komischen Ding namens Elliot-Welle. Die Auswahl war bunt und vielfältig: »Lust auf ein bisschen Fibonacci?« – »Ja, aber nur ganz, ganz wenig ... Und tun Sie ruhig auch noch etwas Schulter-Kopf-Schulter-Formation in die Tüte, für den Future-Handel ... ach ja, und bitte noch ein paar von den Flaggen und Wimpeln, die sollen ja auch viel Geld bringen; schließlich haben wir ja bald wieder Weihnachten ... und dann bräuchte ich noch etwas mit viel Rendite und engen Stopps. Trendkanal-Trading? Okay, das sieht in den Beispieltrades der Zeitungen ohnehin immer ziemlich cool aus ... und was ist sonst noch im Angebot? ... Das Point-&-Figure-Trading sieht aber auch interessant aus ... Na gut, probier ich davon auch mal ein wenig. Ach, und bevor ich es vergesse: Bitte noch etwas von diesen super wichtigen und unbestechlichen 100- und 200-Tage-Linien.«

So oder so ähnlich decktest du dich einst im »Supermarkt der Börsenweisheiten« mit Werten und Wahrheiten ein, eigentlich mit allem, worauf du gerade Lust hattest. Was dir als Trader auch nur irgendwie oder vielleicht würde schmecken können, stopftest du in die Tüte mit der Werbeaufschrift »Kreative Anwendung technischer Analyse«. Gleich einem Kind, das im Kaufhaus an der Süßwarentheke seine Bonbontüte aus den großen, verheißungsvollen Gläsern selbst zusammenstellen darf. Ein bisschen hiervon und ein bisschen davon. Eigentlich von allem, woran man Gefallen findet. Ob das gesund war, war vollkommen gleichgültig, Hauptsache, es war schön bunt ...

Der Reiz der Mischen-Sie-selbst-Abteilung der Technischen Analyse leuchtete dir, als Hyperaktivist in Sachen Trading, sofort ein, und es hieß: »Nur mal eben probieren, ob das den Chart weich kocht ...« In der Tat, etliche der damals von dir verschlungenen Bücher übers Traden behaupteten, durch das fixe Zeichnen von Linien, Erkennen von Dojis oder Anklicken von Indikatoren würde für den Tradinganfänger ein neues und großartiges Zeitalter anbrechen. Wen wundert es da, dass deine wahllos angebrachten Striche im Chart von dir als irre wichtige Trendlinien gedeutet wurden und diese Deutungen durch so manches Buch auch noch als »Hohe Kunst der Technische Analyse« bestätigt wurden; und dass du deine Deutungen von betoniertem Widerstand und Unterstützungen wie auch die optisch irre anmutenden Formationen als wesentliche Bestandteile dieser Zunft ansahst.

So mancher Autor, der wahrscheinlich noch keine hundert Trades in seinem Leben gemacht hat, schreibt nicht nur über Themengebiete von

Candlestick bis Fibonacci sowie deren Anwendung mit dem Ziel, die Frage zu beantworten »Wohin geht der Markt …?«, sondern ebenfalls über die Unsterblichkeit schnellsten Reichtums durch deren Anwendung. Ohne verstärktes Hinterfragen und ungefiltert hast du sämtliche Aussagen in jeder Chartsituation gelten gelassen und natürlich zeigten ebenso Indikatoren Anteilnahme an dem ganzen Chartgeschehen und waren daher gleichsam eng mit deiner Seelenrettung verbunden. Für dich bestand in dieser Zeit ein erfülltes Traderleben in der vermeintlichen Macht durch die Beantwortung der jeder Technischen Analyse innewohnenden Frage: »Wo geht der Markt hin …?«

Aufgrund vieler falscher Fragestellungen gab es aber schnell Ärger im Paradies, und die Kurzfassung deines zweiten Ehelebens lautet pauschal wie folgt: Du konntest den Chart noch so sorgfältig mit den Inhalten deiner selbst zusammengestellten Wundertüte analysieren, wie du wolltest – tradest du dann eine Richtung, verhielt sich der Markt unter Garantie anders. Und gerade wenn du meintest, den Stopp an der richtigen Stelle gesetzt zu haben, glitt der Markt elegant zu diesem Punkt, schmiss dich aus dem Markt und drehte dann mit riesigen Schritten zurück in die angedachte Traderichtung. Oder: Der Markt verweigerte – trotz Wundertüte & Co. – so lange eine Bewegung, bis du endlich vom Schreibtisch weggingst, weil es an der Tür geklingelt hat. *Typisch!* ☺

In der Archäologie heißt die goldene Regel: »Grab hier und der Schatz liegt dort drüben. Wenn du hingegen da drüben gräbst, liegt er hier …« Deine Erlebnisse mit deinen Trades deuteten für dich als technischem Hobbyanalyst damals auf eine Welt hin, die mit finsterer Entschlossenheit dafür sorgte, dass du deine wohlverdiente Strafe für die Teilnahme am kreativen Börsenhandel erhältst.☺ All das hast du dann zu deiner eigenen Ehephilosophie erhoben, deren Motto einst ungefähr so lautete: *»Fuck*, die Börse ist gegen mich. Alles, was ich beim Traden anpacke, verschwört sich beständig gegen mich. Wann immer ich in den Markt gehe, macht dieser genau das Gegenteil …«

Aus jetziger Sicht war diese Reaktion zwar verständlich, aber ziemlich kindisch. Oder vielleicht besser gesagt: paranoid. Aufgrund deiner noch falschen Fragen und fehlenden Einsichten war es für dich damals unerklärlich, dass du, trotz der Anwendung der vielen Verzweigungen der Technischen Analyse, unterm Strich in diese Ehe nur einbezahlt hast. Noch mal: Mithilfe der kompliziertesten Indikatoren hast du gegen die »Ungewissheit des Charts« gekämpft und mit den am komischsten klingenden Candlestick-Formations-Regeln die »finsteren dämonischen Mächte der bösen Candlestick-Charts« entmachten und besiegen wollen, und dennoch gab's kein dauerhaft friedliches Eheleben. Im Gegenteil, Gedanken wie: »Wenn

Regel A Recht hat, dann hat Regel B Unrecht«, trieben dich fast in den Wahnsinn.

... und das Resultat?

Ob nun beim Warten darauf, dass der seitwärts laufende Trade sich nun endlich mal bewegen wird oder in den Stunden vor Bekanntgabe eines Sitzungsergebnisses der EZB oder vor einer HV, in den Minuten vor der Veröffentlichung des Ölmarktberichtes oder aber in den bangen Sekunden vor den 14:30-Uhr-Zahlen sagtest du häufig, dass trotz Wundertüten-Intensivanalyse das Warten beinahe schlimmer sei als der nachfolgende Kursverlauf oder das Ereignis selbst. Kurzum: Was ging, war das Geld; was blieb, war »die Schrecklichkeit der ständigen Ungewissheit«! Dies hätte doch den Schluss nahe legen können, dass dein Horror vor dem Handelstag – zum Teil Horror trotz oder erst recht wegen deiner kreativen Auslegung der Technischen Analyse – Horror vor dem *Unbekannten* war. Wie oft hörte ich dich stöhnen: »Wenn ich nur wüsste, was geschieht, was als Nächstes kommt ...« Ja, was dann? Dann wärst du vorgewarnt und dafür gewappnet gewesen? Oder hättest du dann einfach das Gefühl gehabt, besser »Herr der Lage« zu sein; selbst wenn du höchstwahrscheinlich doch nichts hättest machen können, um den zukünftigen Marktverlauf zu ändern? Außer vielleicht ... den ganzen Tag im Bett zu bleiben? ☺

Was nach den ersten Flitterwochen also folgte, war eine totale Reizüberflutung. Jeden Tag prasselten derart viele Informationen, Logiken, »Regelchen hier und Formatiönchen da« auf dich ein, dass du fast ohnmächtig davon wurdest. Ich musste schon kräftig in den Wald hineinschreien, um überhaupt noch eine Antwort von dir zu bekommen, so durcheinander warst du an manchen Tagen. Deine Ehe verlief von Woche zu Woche immer unzufriedener, denn sie konnte deinen Wunsch, die nächste Seite deiner ganzen Lebensgeschichte als Trader aufzuschlagen oder wenigstens den nächsten Trade detailliert lesen zu können, nicht erfüllen. Aus deiner Sicht sollte sie dies aber – war das geradezu ihre eheliche Pflicht –, denn so erschiene sie dir eher wie eine zusammenhängende Geschichte. Anstatt nur aus einem zufälligen Ereignis nach dem anderen zu bestehen, hätte dein Trading dann vielleicht einen, nennen wir es an dieser Stelle mal, *sinnfälligeren* Handlungsverlauf. Wenn aber das Lesen von Glaskugeln oder Sternbildern oder das Zusammentreffen jedes dritten Bars mit dem Schnittpunkt des 12-fachen gleitenden Durchschnitts und der Wurzel der 17er-Stochastik auf einem 23,4-Minuten-Chart Einfluss auf dein Trading haben soll oder es dadurch für dich endlich *sinnfälliger* würde – nun, dann musste deine Sehnsucht nach einer neuen Ehe mit dem »Supi-Mega-Zauber-Regelwerk« zwingend Teil deiner Lebensgeschichte und du wiederum ein Teil derselben werden.

Beleuchtet man folglich im »Supermarkt der Börsenweisheiten« deine immer größer werdende Sehnsucht nach einer »sorglosen Tradingzukunft« etwas näher, wird automatisch der Bogen zu den Auswirkungen dieser Sehnsucht gespannt, in deren Folge du das Aufgebot für deine dritte Hochzeit bestellt hast.

So wie mir damals schon, ist hoffentlich auch dir heute klar, dass dein einstiges nachvollziehbares Verlangen nach einer neuen Ehe mit dem Supi-nie-Verlust-bringenden-Mega-Zauber-Regelwerk zugleich eine Sehnsucht nach *Bedeutung* verkörperte.

… deine dritte Ehe

»Wissen«, so heißt es, »ist Macht.« So könnte der Scheidungsgrund für die zweite und das Empfehlungsschreiben für die dritte Ehe lauten. Und wenn du irgendwann einmal in die Zukunft schauen könntest – um dabei zu erkennen, wo beispielsweise der Markt in einem Tag, einer Stunde, in den nächsten 30 Sekunden denn nun genau stünde, welche Aktie heute am meisten zulegt oder wie die Wirtschaftszahlen ausfallen –, dann würdest du jene Macht besitzen, zu der dir deine kreativen Einkäufe im Supermarkt der Technischen Analyse nicht verhelfen konnten.

Deine Ansprüche an dieses neue und dritte Eheleben waren daher klar: Durch echtes Vorherwissen könntest du viel besser für deine Trades und damit dich selbst als Trader sorgen. Deiner vorherigen Ansicht nach könntest du in deinem Tun viel »sorgloser« sein, wenn du wüsstest, wohin dich dies führt. Dies ist die Art von Herrschaft über das eigene Trading und das Los, nach dem du dich damals – wie gerade aktuell auch unser Bambino Stan – verzweifelt gesehnt hast. Diese *Herrschaft* ist der Grund dafür, warum du damals gerne über die Zukunft Bescheid gewusst hättest, zur Not sogar unter Zuhilfenahme selbst der absurdesten und wild zusammengestrickten Signallogiken von irgendwelchen Signalanbietern oder aus Internetforen & Co. Denn die Zukunft zu kennen oder dies wenigstens glauben zu dürfen, hat dir zu diesem Zeitpunkt und für eine Weile die Angst vor dem *Unbekannten* nehmen können.

Du sprachst sogar von der göttlichen »Vorsehung«, dem heiligen Gral. Das Supi-Mega-Zauber-Regelwerk, so hattest du gehofft, muss doch vorhersehen können, was als Nächstes geschehen wird. Du wusstest zwar nicht, was die Zukunft des Charts bringt, aber du wusstest, dass das Supi-Mega-Zauber-Regelwerk dies wissen sollte. Dies einfach wissen *musste*. Und du könntest damit Vorkehrungen für jede erdenkliche Chartzukunft treffen: Das Regelwerk würde sich um dich kümmern und für dich sorgen. Das wilde, weil kreative Rumgefummel im Chart, die rastlosen Bastelstunden an Indikatorenkombinationen, all dies würde ein Ende haben. Deine Zukunft war damit des Zauberregelwerks Zukunft. Du wusstest nicht, was geschehen würde, und konntest dich, wenn schon nicht auf dich selbst, so doch zumindest auf das Regelwerk verlassen. ☺ Damit konntest du der ungewissen Zukunft endlich voller Vertrauen und Hoffnung ins Auge blicken ...

Während dieser Ehe habe ich von dir häufig die Äußerung vernommen, dass du – bedingt durch deine bisherigen Anstrengungen – schlichtweg das Recht besitzt, dir einen Teil vom leckeren Börsenkuchen abzuschneiden. Vielleicht war das ultimative Supi-Mega-Zauber-Regelwerk für dich womöglich nur eine Variante der gleichen Botschaft: »Du bist endlich von Bedeutung! Du bist ein wichtiger Teil des allumfassenden Börsenhandels!« Aber wie hoch war der Preis, den du für diese vermutete Bedeutung und die Befreiung von Angst vor dem *Unbekannten* gezahlt hast? Ich erinnere mich noch gut, dass es sogar Momente gab, in denen du dein Schicksal eher aus der suggeriert blendenden Zukunft nach dem Gesetz des Schicksals eines Horoskops herauszulesen versucht und folglich einen fürsorglichen Kosmos deinen eigenen Überlegung vorgezogen hast. *Mondphasen wären ja noch okay gewesen, aber mussten es wirklich Horoskope sein?* ☺

Auch unserem Bambino Stan stehen Handelstage bevor, an denen es ihm wahrscheinlich lieber wäre, die Realität würde ihm zärtlich über die Wange streicheln und ihm sanft ins Ohr hauchen: »Ich liebe dich! Keine Angst, mein lieber kleiner Tradinganfänger. Fürchte dich nicht vor dem Chart. Alles wird gut.« Doch in Ermangelung dessen wird er sich danach sehnen, sie zumindest flüstern zu hören: »Ich nehme von deinen Trades Notiz. Fürchte dich ruhig ein wenig. Ach ja, und morgen Früh wirst du übrigens Pech mit deinen DAX-Trades haben.«

Wenn es so weit ist, beschrifte bitte einen von diesen Klebezetteln mit dem Spruch der heiligen Teresa von Avila und klebe ihm den an seinen Bildschirm ☺:

... lasse dich durch nichts beunruhigen,
nichts dir Angst machen.
Alles ist im Wandel, Gott alleine ist unwandelbar.
Geduld führt zum Ziel.
Wer sich an Gott hält, dem gelingt alles ... ☺ – Naja ...

Die vorausschauende Sorge, die das Zauber-Regelwerk zuwege bringen sollte, ist insofern ein charakteristisches Merkmal, als es auch das Merkmal eines guten Vaters ist. Dass für einen gesorgt wird, berührt bei allen Menschen jenen Kern des Gefühls von Sicherheit, welches uns die Freiheit verleiht, wir selbst zu sein; so also auch bei dir. Doch wie ein guter Vater packte dich auch keines deiner Zauber-Regelwerke – wo auch immer du sie aufgetrieben hattest – in Watte, um so den Schmerz der Wirklichkeit zu dämpfen. Demzufolge währte auch diese Ehe nicht allzu lange.

Als die Trennung nahte, wiesen die Scheidungspapiere auf etwas Kniffeliges hin: Dieses Vorhersagen der Zukunft, in welcher das Schicksal vom Zauber-Regelwerk beinahe hundertprozentig bestimmt werden konnte, war zwar das, was du dachtest zu wollen, aber … das »Was-wäre-wenn«-Spiel mit den Charts wolltest du dennoch ebenfalls spielen. Auf der einen Seite die »schreckliche Ungewissheit«, die du mittels jedes noch so erdenklichen Quatsches besiegen wolltest – an deine Ergebnisse diesbezüglich brauche ich dich sicher nicht zu erinnern ☺ –, und auf der anderen Seite der unbezähmbare Wunsch, zu einem jener Magier der Märkte zu avancieren, die ihr Geld nicht *geschenkt* bekamen, sondern dank eigener Fähigkeiten *verdienten*.

– Das trifft es doch auf den Punkt, oder?

Gegenüber manch anderen Tradinganfängern war dir am Scheidungstermin das Glück jedoch hold, denn neben Geld hattest du auch noch Laune übrig, um weiter am Spiel der Spiele teilzunehmen. Dementsprechend warst du aufgrund deiner drei gescheiterten Ehen nun bereit dafür, an deiner Tür das Klingeln der Markttechnik und deren Bitte um Einlass zu vernehmen. Nun warst du *offen* für die Fragen der Markttechnik …

… die vierte Ehe

Dass du dich Hals über Kopf in diese vierte Ehe gestürzt hast, sorgte bei keinem von uns im Handelsbüro wirklich für Überraschung, stellte die markttechnische Analyse – du nanntest sie damals vorerst noch Tradinganschauung – doch die umfassendste und erhellendste, weil grundlegendste Erklärung des Börsenverlaufs dar. Unser Verweis auf die Herkunft und zentrale Bedeutung der wesentlichen Wahrheit – auch Orderbuch genannt –, von welcher die Markttechnik ihre Resultate ableitet, schien sich für dich irgendwie als Erleichterung zu erweisen. Wenn dir deine vorangegangenen gescheiterten Ehen auch nur irgendetwas vor Augen führten, dann zumindest die tiefe Unzufriedenheit mit der Darbietung deines bisherigen Handels. Hier war in der Einschätzung allzu häufig die Frage: »Wo kann überhaupt Bewegung entstehen …?« nicht berücksichtigt worden. Gleichwohl war dir doch der simple Ablauf eines Orderbuches und damit alles, was du grundlegend über das Trading wissen musstest, erklärt worden, und die resultierenden Schlussfolgerungen und Einsichten hätten auf etwas reduziert werden können, das sich auf einem einzelnen Blatt Papier, vielleicht sogar auf einem Bierdeckel, darstellen ließe.

Aus den letzten Ehen ausgehungert, verkörperte die Markttechnik nun also zum einen eine tiefe Sehnsucht danach, dass deine bisher sinnlich erfahrbare Welt des Tradings – Gott sei Dank – doch nicht das letzte Wort ist. Zum anderen stand sie für die, nun immer mehr durchsickernde, grundlegende Gewissheit Pate, dass die Wirklichkeit des Börsenhandels in ihrem Kern auf dem Orderbuch, den Merkmalen des Trendaufbaus, dem Orderverhalten und den zur Darstellung gewählten Zeiteinheiten beruhte. Ähnlich den physikalischen Grundgesetzen hat die Markttechnik Auswirkung auf und Erklärung für jede Facette des Börsenhandels – angefangen bei der Bedeutung einer Korrektur bis hin zum verschachtelten Trendaufbau und dessen wundersamen optischen Verzerrmöglichkeiten in den verschiedenen Zeiteinheiten. Für dich, der in seiner letzten Ehe Tradingansätze wie diesen bevorzugte: »Kauf um 11:13 Uhr und verkaufe um 14:07 Uhr, wenn die Sonne auf deinen linken Arm scheint«, war das zu Beginn sehr irritierend, doch so sind grundlegende Zusammenhänge nun einmal. Sie sind wie Bilderrahmen. Im Bild ist und bleibt alles drin und nichts kann aus dem Rahmen fallen. Wenn doch etwas herausfiele, wäre die Interpretation nicht umfassend und bedürfte so lange der Überarbeitung, bis nichts mehr herausfiele.

Du hast also brav alle Themen erlernt, hast auf Anhieb nun Innen- und Umkehrstäbe erkannt, und die *Punkte 1, 2 und 3* sollten auch bald keine Schwierigkeit mehr darstellen; ebenso wurde dir das Zusammenspiel der Zeiteinheiten klar, und genauso schnell hast du die Bedeutung von Tageshochs und -tiefs erkannt. All dies wurde von dir folgerichtig und als logisches Resultat in die drei Handelsausrichtungen implementiert: Handel des Trends, Handel der Bewegung und Handel des Ausbruchs. Damit war der Ehevertrag fertig und besiegelt.

Nach Monaten des Übens und der ersten Anwendungen schlich sich jedoch erneut bei dir der Eindruck ein, dass sich der Erfolg im Grunde ganz weit weg befände und weitestgehend sich selbst überlassen sei. Aus deiner Sicht waren Sander, ich und die anderen Kollegen permanent damit beschäftigt, Profite aus dem markttechnisch orientierten Handel einzustreichen und du hast dich stets gefragt: »Ob sich der Erfolg wohl irgendwann auch mal in meine Angelegenheiten einmischt? Und wenn ja, wann ist es endlich so weit?«

Mit den Monaten verhielt sich die Markttechnik und deren Anwendung für dich wie ein Vater, der seinen Kindern zwar die Welt erklärt, sich aber hinter der Zeitung versteckt, sobald die Kinder mit ihm in dieser Welt spielen wollen! Das heißt, die Markttechnik lieferte dir zwar interessante und teilweise sogar richtig gute Ideen für tolle Spielzeuge und sah dir interessiert und vergnügt dabei zu, mit welch großer Aufmerksamkeit du dich ihr widmetest, enthielt sich dabei dennoch jeglicher positiver Einmischung …

… und genau an dieser Stelle hattest du das besondere Glück, einer *Erweiterungs-* beziehungsweise einer *Überarbeitungsmöglichkeit* deines bestehenden Ehevertrages zu begegnen, und nach anfänglicher Skepsis und einiger Überlegung warst du glücklicherweise klug genug, sie als solche zu erkennen und anzunehmen.

An den Tag, an dem dir dies begegnete, erinnere ich mich immer noch mit großem Vergnügen. Begonnen hatte alles damit, dass mich einige meiner Freunde nach einem anstrengenden Tag noch auf ein Glas Wein abholten …

Aber das will und muss ich dir gerne noch mal etwas ausführlicher in Erinnerung rufen … ☺

… eine neue Liebeserklärung ist wie ein Schachzug: Die Konsequenzen sind unüberschaubar!.

Jack, Tim, Vanessa und Alex hatten ein Lieblingsthema: Sie alle waren gleichermaßen vom Börsenhandel fasziniert, einer Berufung, die es wert war, sich ein Leben lang damit zu beschäftigen. So wie ich hielten auch meine vier Freunde Rationalität und Beständigkeit für die höchsten Tugenden im Handel.

Auch wenn Jack, ein Großinvestor und daher Verfechter der fundamentalen Analyse, Tim der Arbitrageur und Vanessa, eine Händlerin aus der Hedgingabteilung eines Weltkonzerns, zu Recht proklamierten, nicht viel für Technische Analyse übrig zu haben – diese sei bestenfalls zeitaufwendig und in ihrem Alltag wenig praktikabel –, verfolgten wir dennoch alle ein gemeinsames Ziel: im Hagel der Orders Geld zu verdienen.

Für jeden der drei bestand daher theoretisch konkreter Grund zum Neid, denn jeder hatte mit seiner Handelsausrichtung für sich das große Los gezogen. Und so ertappten wir uns während unserer gelegentlichen Treffen immer wieder dabei, wie jeder die Daseinsberechtigung seines speziellen Tradings in den Himmel lobte, ohne jedoch auf dessen alleinige Wahrheit zu pochen; schließlich war allen klar, dass die anderen erst durch ihre Teilnahme am Markt die jeweils eigene Existenz ermöglichten, was Alex, Skontoführer an der Frankfurter Börse, vehement unterstrich. Es verhielt sich folglich so, dass meine vier Freunde nicht nur umwerfend aussahen, gut leben konnten, sondern auch noch Verständnis für das jeweilige Tun der anderen aufbrachten – und das nicht zu knapp.

Und so dachten wir fünf immer gerne über die Ursachen von Fehlern nach, um daraus – jeder für sich – die Gesetze des Erfolges abzuleiten. Ihrer Meinung nach waren erhöhter Puls, Selbsttäuschung und Selbstüberschätzung die wichtigsten Ursachen für Fehler.

Jack, dessen öffentliches Erscheinungsbild dasjenige eines einfachen Mannes war – und dies erschien tatsächlich glaubwürdig –, führte als Großinvestor dennoch ein kompliziertes Leben. Im Laufe der Jahre war es ihm gelungen, den Ruf eines harten, gelegentlich sogar eiskalten Geschäftsmannes zu erwerben. Seine Lehr- und die ersten Berufsjahre als Trader hatte er im selben Büro absolviert, in dem auch ich einst tätig war, wechselte aber dann das Spielfeld, heuerte bei einem Aktienfonds an und blieb dann von Haus aus der fundamentalen Analyse treu. Mittlerweile verfügte er über ein eigenes, großes Analystenteam und hatte viele gute Freunde in namhaften Börsenkreisen. Sein braun gebranntes Gesicht war umrahmt von weißem Kopf- und Barthaar, und stets bedachte er sein Gegenüber mit einem freundlichen Zwinkern aus seinen tiefliegenden stahlblauen Augen. Er war viel im Lande unterwegs und besuchte Firmen, die ihn interessierten. Sein Erfolg beruhte, seiner Meinung nach, auf einigen wenigen simplen Investmentideen und darauf, jeden Tag mit Leidenschaft bei der Sache zu sein. Als Dienstältester der Runde hatte er, wie ich auch, *Spekulieren* von der Pike auf erlernt und pflegte in der Runde immer zu sagen: »Man muss die Dinge im Börsenhandel immer von der anderen Seite betrachten.« Seine Überlebensstrategie lautete: »Sag mir, wo ich verlieren werde. Dann gehe ich dort nicht hin!«

Auch der 44-jährige Tim hatte aufgrund seiner jahrelangen Berufserfahrung den anfänglichen Traum, eine Geldmaschine zu entdecken, die den Zaster schön gleichmäßig und in großen Mengen auf sein damals noch jungfräuliches Konto spucken sollte, längst aufgegeben. Stattdessen hieß es heute bei ihm: viele, viele kleine Orders in allen möglichen Märkten, an manchen Tagen gar mehrere Tausende. Solche Leute wie Tim waren, unter anderem, die Ursache dafür, dass das Handelsvolumen ab Mitte der Neunziger Jahre stark anschwoll. Als Arbitrageur war er der Einzige in unserer Runde, der mit nahezu null Risiko tagtäglich Unsummen in die Ausnutzung sowohl räumlicher als auch zeitlicher Preisunterschiede platzierte; woraus resultierte, dass eine sehr beachtliche Anzahl der ratternden Time&Sales-Zeilen auf sein Konto ging. Ob es sich dabei um räumliche Notierungsdifferenzen an den Regionalbörsen oder dem Xetra-Handel oder die Differenz zwischen Kassa- und Terminmarkt handelte, egal – Tim handelte alles, was laut Orderbuch und Mathematik Sinn ergab: Das Ergebnis seiner Arbeit war tagein, tagaus erkennbar, wenn auch nicht offensichtlich – trotz jeweils eigener Orderbücher drifteten Kursnotierungen, zum Beispiel beim gleichzeitigen Handel eines Wertes an mehreren Börsen, nicht auseinander. In diesem Zusammenhang schwärmte Tim gern von den Neunzigern und den damals neu aufkommenden Turbo-Optionsscheinen auf Aktien. Alleine an dem Schein auf die VW-Aktie hatte er sich eine goldene Nase verdient. Nicht zu vergessen die wunderbaren Chancen, die sich mit japanischen Aktien damals wahrnehmen ließen. Es gab Jahre, da kannten die Japaner nur eine Richtung, Tim konnte also in Deutschland alles kaufen, was der Markt diesseitig hergab, und es, kurz bevor er zu Bett ging, in Japan mit erheblichen Gewinnen abstoßen. *Betthupferl* nannte er diese Gewinne. Als dann mit den

Jahren die heutige EUREX – hervorgegangen aus der DTB, der Deutschen Terminbörse – an Bedeutung gewann und mehr und mehr Umsatz auf sich zog, wurde diese für Tim umso mehr zu einer richtigen Cash Cow. Er arbitrierte, sprich: Er nutzte den Preisunterschied für gleiche Waren auf verschiedenen Märkten, zum Beispiel Optionen auf Aktien, synthetisch gegeneinander, indem er sogenannte Boxen bildete, die ihm seinen Gewinn einfroren. Er musste nur bis zum Verfall abwarten und aus der Box fiel ihm der eingefrorene Gewinn direkt auf sein Konto. Seine liebste Zeit war die Zeit, in der die amerikanischen Unternehmen ihre Quartalszahlen veröffentlichten. Das war die Zeit für Cross-Border-Arbitrage. Meist gerieten die amerikanischen Werte bereits vorbörslich schon massiv in Bewegung und Tim konnte sich noch zu deutlich günstigeren Kursen in Frankfurt eindecken und seine Positionen mit der Eröffnung der amerikanischen Börsen mit deutlichem Gewinn schließen. Das Phänomenale an seinen Erzählungen war, dass uns allen klar war, wie viele Leute es da draußen gab, die einfach nicht schauten, wo sie ein Produkt am günstigsten erwerben und zeitgleich verkaufen konnten. Denn nichts anderes tut ein Arbitrageur. Für jene vollmundigen, dennoch traurigen Behauptungen so mancher notorisch kleinkarierter »Börsenfachmänner«, die recht vollmundig verkündeten, dass Börsenhandel lediglich eine reine Lehre geheimnisvoller Kniffchen sei, hatte er daher stets nur ein Lächeln und den Kommentar übrig: »Sieh dir all die Helden an: Die ahnen nicht, was um sie herum passiert, während sie mittendrin stecken …«

Ebenso wie Jack und Tim hatte auch die Dame der Runde bereits mehr als genug Besserwisser kennengelernt, die dachten, sie wären die großen Checker. »Vergesst mich mal bitte nicht! Meine Orders tauchen noch auf …«, bat sie allzu oft, wenn sie – fernab dieser Runde – Gespräche über das Trading hören musste, deren Schilderungen ihr unverständlich und nicht nachvollziehbar blieben. Die Aufgabe ihres Teams bestand darin, den Konzern, für den es arbeitete, sowohl vor Währungsdifferenzen als auch vor Preisschwankungen bei den für die Produktion benötigten Rohstoffen abzusichern. Ihr attraktiver Körper und ihre geschmeidigen Bewegungen ließen zahlreiche im Fitnessraum verbrachte Stunden erkennen. Gleichwohl war ihre Fitness nur eine willkommene Zugabe, nicht das entscheidende Merkmal ihres Erscheinungsbildes. Vielmehr konnte sie jederzeit das Gewicht ihrer persönlichen Ausstrahlung einsetzen, um jeden Raum, den sie betrat, restlos auszufüllen. Aber viel bedeutungsvoller war, dass sie ein Zahlengenie war; und viel, viel klüger, als es ihr Äußeres vermuten ließ. Über die Jahre hatte sie sich folgende Devise zu eigen gemacht: Mit einem zufälligen Gewinntrade kommt man zwar um die halbe Welt, aber nicht mehr zurück.

Alle Rezepte der hier versammelten Händler funktionierten. Jedes für sich allein betrachtet, sah elegant, fast schon mühelos aus und enthielt dennoch die gesamte Realität des Börsenhandels, dessen Aufbau und Wirkungsweise. Diese scheinbare Mühelosigkeit erreichten alle jedoch nur durch jahreslanges Üben – genau wie beim leichten Strich eines Malers, den eleganten Noten eines Liedes, dem schlichten Gedicht. Hierauf aufbauend, benutzten alle Anwesenden die gewaltige Macht ihrer jeweiligen Kontogrößen zur Generierung eines kaum vorstellbaren Wohlstandes.

Dieses besondere Treffen verlief jedoch anders als die bisherigen. Während ich noch einige Telefonate erledigen wollte, machten es sich die vier bequem und plauschten in aller Ruhe über die Märkte, als sie von einem Tornado der Gefühle aus ihrer Plauderei gerissen wurden. Dein Fluchen aus dem Handelsraum war laut und deutlich wahrnehmbar. Scheinbar wollte einer deiner Trades wieder einmal nicht so recht anspringen.

Jack sah um die Ecke, dann verstört zu mir. »Sag mal, betet Philip da etwa?«

Ich beendete mein Telefonat und sah dich an den Monitor gerichtet betteln und gleichzeitig fluchen. »Oh Gott, lass mich bitte nicht schon wieder am *Punkt 2* Minus machen«, und kurz drauf: »Lieber Gott, was immer auch getan werden muss, damit dieser Markt an dem scheiß *Punkt 2* nun endlich mal einen sauberen anhaltenden Trend ausbildet – tu es! Bitte!«

Alex, der sein Geld als Kursmakler verdiente, flüsterte hinter vorgehaltener Hand: »In *meinem* Börsenuniversum strebt die Wahrscheinlichkeit, dass am anderen Ende seiner DSL-Leitung ein gutmütiger Gott zuhört und eingreift, eher gegen null.« Seine tagtägliche Arbeit bildete für ihn, wie auch jeden anderen erfahrenen Händler, logischerweise einen gewichtigen Einwand gegen die Existenz eines persönlichen und vor allem fürsorglichen Trading-Gottes oder die Wirksamkeit des Streichelns eines neben der Handelstastatur baumelnden Glücksbringer-Talisman-Bärchens. In den vergangenen zwanzig Jahren hatte er für eine große Anzahl verschiedenster Aktien die Kurse gestellt und wurde zu Recht von uns »Zoodirektor unseres Affenstalls« genannt. Gleich an seinem ersten Arbeitstag und binnen Minuten, so hatte er einmal erzählt, musste er damals die Hoffnung begraben, dass Börsenhandel eine profane Lehre darstelle, die einzig und allein etwas mit der technischen oder fundamentalen Analyse zu tun habe. Aus diesem Grund bezeichnete er auch alle Versuche, den Börsenhandel in statistisch auswertbaren Tabellen erfassen zu wollen, stets als idiotische Irrwege, die die Realität seiner Arbeit in keiner Weise wiederzugeben vermochten: »Nie wird je eine Tabelle die Börse wirklich erfassen können, weil Menschen und ihre Emotionen und Entscheidungen sich nun mal nicht gänzlich in Tabellen quetschen lassen.«

»Hör auf zu beten!«, rief er dir zu, »bring deinen Trade wie ein *Mann* zu Ende und dann komm mal auf einen Sprung hier rüber!« Anschließend fragte er mit einem Flüstern in meine Richtung: »Philip, oder?« Ich nickte.

»Lass aber um Gottes willen deinen lieben Gott vorher Feierabend machen ...«, spöttelte Jack dazu. Deinerseits folgte zunächst ein Brummeln, dann erst mal gar nichts mehr.

Jack wollte schließlich von mir wissen, wie es um dein Trading derzeit stehe, und ich schilderte deine Fortschritte und verwies etwas stolz auf deine vier gescheiterten Ehen. »Wer das übersteht, hat schon eine Prüfung bestanden.«

Vanessa fragte, ob du den selbst auferlegten Druck, permanent vor dem Schirm zu sitzen, Trade um Trade durch die Kante zu schieben und von morgens bis abends erfolgreich sein zu wollen, bereits abgelegt hättest. Auch hierzu nickte ich stolz und erklärte, dass du bereits so stabil wärst, dass selbst einige Verlusttrades in Folge bei dir nicht mehr zum Empfehlungsschreiben würden, die dein Herz geneigt machen, sofort neue Logiken auszuprobieren.

Tim, der Arbitrageur, ließ einen beifälligen Pfiff hören. »Das ist eine wichtige Lektion. Wenn dein Philip es schafft, dass die momentane Meinung der Börse über seine Tradelogik ihn selbst nicht mehr beeinflusst – nicht beeinflussen darf –, dann ist er wirklich ein großes Stück vorangekommen.«

»Dat klingt ja mechanisch. Nit so janz menschlich ...«, ahmte daraufhin Vanessa einen ihrer eigenen neuen Praktikanten nach. Dann verdrehte sie die Augen gen Himmel.

Jack nahm ihren Gedanken auf. »Das Einzige, was ich am Handel wahrhaft unmenschlich fand, war die Zeit, in der ich zuließ, dass mein Selbstwertgefühl auf und ab schnellte wie ein Korken, je nachdem, wie viel Zuspruch ich von einem einzelnen und damit irrelevanten Trade bekam.« Auch er musste in seiner Karriere, als er noch selbst direkt im Handel als Fondsmanager stand, vielen Händlern immer wieder verdeutlichen, dass Börsenhandel nichts für zarte Gemüter ist und dass man dies bei der Berufswahl berücksichtigen sollte. Börsenhandel ist nicht die heile Welt, wie sie von Brokern und Büchern übers Traden gerne dargestellt wird oder wie es sich blauäugige Tradinganfänger vielleicht vorstellen. Stets sagte er damals zu seinen Schützlingen: »Wenn du es nicht mal aushältst, mehrere mickrige Fehltrades in Folge um die Ohren zu kriegen, bist du hier fehl am Platz. Wie sollst du arme Wurst es denn später mit den großen Konten gebacken bekommen?«

Jacks Worte wurden erneut durch dein Stöhnen unterbrochen. Dein Chart war nun nicht mehr länger ein unpersönliches »Es«, sondern ein eigensinniges »Du«, dem kurz darauf nur noch mit Anbrüllen beizukommen war. Jack lugte erneut um die Ecke und schüttelte zum Spaß den Kopf.

»Diese wahnsinnige Aufmerksamkeit, die jedem noch so unbedeutenden Signal gewidmet wird, bläst manchem einfach das Resthirn heraus.« Damit sprach er eine weitere *bedeutsame* Hürde an.

Ich stand auf und begann, auf und ab zu gehen. »Was Philip noch fehlt, ist das Verständnis für das Gesamtbild des Charts. Er steht sozusagen vor der letzten Stufe, auf der das markttechnische Fachwissen auf den Sinn und das Wesen einer Spekulation zurückgeführt, oder anders gesagt, damit verbunden wird.«

Alle waren mit meinem weiteren Hinweis einverstanden, dass die wenigsten *spekulativ* ausgerichteten Tradinganfänger es zu Beginn als hilfreich empfanden – und wohl auch gar nicht dazu in der Lage waren –, dem markttechnischen Trendaufbau mit klassischen Signalen entgegenzuwirken. In den Augen aller Anwesenden, die ja in ihrem Job ernsthaft und langjährig ausgebildet waren, erforderte die generelle »Meisterschaft« dieses Berufsstandes eine ungeheure und hingebungsvolle Unterwerfung unter eine Autorität namens »Großwetterlage«. Dieses Gesamtbild, so die einhellige Meinung, könne allein durch die ungeteilte und neutrale Absicht, es zu erlangen, erreicht werden. Eine grundlegende Voraussetzung hierzu besteht im Verständnis, dass Setup und Signal sehr verschieden voneinander sein können. Ein Signal geht in erster Linie der Frage »Wann genau ...« nach; der Fokus der Großwetterlage hingegen gibt Auskunft darüber, ob eine Handelsausrichtung, also Trend, Bewegung oder Ausbruch, nun einen vorteilhaften Sinn ergibt und verleiht einem Signal damit erst die dringend notwendige *Wertigkeit*.

Ich erzählte, dass beispielsweise der *Punkt 2* bei dir bisweilen in merkwürdigen Zusammenhängen auftaucht. Zu selten wird diesem *Punkt 2* dabei eine aktive Rolle im *großen* Fragekontext zugebilligt. Redewendungen wie: »Wo sind denn nun die Orders derer, die dort verkaufen, Positionen drehen und neu eröffnen?« oder »Dort ist ja gar kein Mega-Kursschub ...« und »Hilfe, ich werde schon wieder am *Punkt 3* ausgestoppt!« ließen häufig erahnen, dass du den konkreten *Punkt 2* wieder mal als *allgemeingültiges* Regelwerk betrachtet hattest, ohne nach dem »Wo taucht es auf?« zu fragen. Für dich repräsentierte die Markttechnik damit noch zu sehr ein klassisches Regelwerk wie auch eine Signalsammlung – gleich deiner zweiten Ehe – und noch viel zu selten Ursprung und Quelle der Technischen Analyse. »Fachlich gesehen, sind seine Signale richtig«, fuhr ich fort und lobte diesbezüglich deine Fortschritte. »Philips missliche Lage resultiert aus der Tatsache, dass er noch zu sehr mit dem Signal *allein* lebt. Er geht zwar mit dem markttechnischen Signal der primären Frage ›Was überwiegt, Angebot oder Nachfrage?‹ bereits richtig nach, dennoch läuft er immer wieder in eine Falle, vergisst allzu oft die zweite Frage: ›Kann sich dieser Überhang auch nach dem Signal fortsetzen?‹ und wühlt sich derzeit durch einen Tunnel, der selbst mit dem Fachwissen um die markttechnischen Zusammenhänge in Stöhnen und Verzweiflung endet. Er erkennt noch nicht, dass seine Sicht zu stark verkürzt ist und dass er diese noch weiten muss.«

Es war an diesem Abend schön zu sehen, dass die anderen, trotz der Tatsache, dass die Technische Analyse bei keinem von ihnen im Arbeitsvertrag verankert war, das Problem sofort verstanden. Tim fasste zusammen, dass nicht das Grundverständnis der Markttechnik, sondern dessen Resultate bei jedem Trader optimiert werden müssten. Er musste in dieser Runde nicht besonders erwähnen, dass die Untersuchung eines Signals auf einen hierdurch möglichen Ein- oder Ausstiegspunkt immer im Zusammenhang mit der »Lehre von der Tücke des Signals« zu betrachten war und dies zwangsläufig zu einer Art Katalogisierung von Signalen führte. Aus der Sicht aller Anwesenden mussten Trader, wollten sie Erfolg haben und behalten, also nicht nur die nun mehrfach besagte »Großwetterlage« erkennen können, sondern auch den ihnen durch ihr jeweiliges Regelwerk ausgewählten beziehungsweise ihrer jeweiligen Handelslogik entspringenden angebotenen Signalen stets äußerst kritisch gegenüberstehen. Sie müssen herauszufinden versuchen, ob ihre Signale richtig sind, indem sie zunächst überprüfen, ob sie nicht vielleicht falsch sind; dabei müssen sie rigoros bestrebt sein, ihre eigenen Vermutungen durch den Abgleich mit der »Großwetterlage« zu widerlegen. Kurz: Sie lassen keine ungefilterte Haltung zu und begreifen, dass Einstiegssignale schlussendlich sogar eher nebensächlicher Natur sind, wenn nur das übergeordnete Bild stimmt.

Vanessa wandelte dies in eine Analogie mit sinnlichem Hintergrund um: »Einen Kuss einzig als ›Kontakt des Mundes zu einem Mann‹ zu beschreiben, ist wohl etwas dürftig. Ein komplexes System von Zeichen verrät uns, ob dieser spezielle Kuss ein mechanischer, flüchtiger Kuss, eine geistesabwesende Begrüßung, ein schuldbewusster Versuch, einen vergessenen Hochzeitstag wettzumachen, ein Ausdruck von Zuneigung, ob bereits von Liebe erfüllt oder erst der Beginn eines erotischen, knisternden Geschehens ist. Irgendeine Bedeutung werden wir schon herauslesen. Gleiches«, sie deutete in deine Richtung, »gilt für den Durchbruch des letzten lokalen Hochpunktes eines Trends zum Beispiel auf einem 10-Minuten-Chart: Dieser kann nun einen Trend abbilden, der gleichgerichtet innerhalb eines übergeordneten Trends auf einer größeren Zeiteinheit wie zum Beispiel auf einem Stunden- oder Tages-Chart liegt, oder aber er stellt *nur* die Korrektur eines übergeordneten Abwärtstrends dar.«

»Der Durchbruch könnte aber ebenso dazu führen, dass ein übergeordneter Abwärtstrend gerade gebrochen wird«, nahm Tim den Faden auf. Woraufhin Alex auf die Möglichkeit verwies, dass der Trend auf 10-Minuten im Rahmen eines übergeordneten Abwärtstrends auch zu einem Trendwechsel führen könnte.

Jack schlug vor, den Abend nicht wie ursprünglich beabsichtigt in der Bar, sondern stattdessen hier zu verbringen. Da alle zustimmten, wurde vom Lieferservice des besten Italieners im Ort Essen und Rotwein bestellt und anschließend rief Jack dich zu uns: »Lernstunde!«

Du standest in der Tür, noch leicht blass vom Ergebnis deines letzten Trades, dessen Begründungen lauteten: Handel des Trends, schließlich war ein *Punkt 2* durchbrochen, der Trend daher intakt. Den darauffolgenden Kursrutsch unter *Punkt 3* nahmst du zähneknirschend hin. Beim nächsten Trade war plötzlich *Ausbruchshandel* ansagt. Auch hier, vom reinen Ablauf und Stopp-Verhalten her hattest du eigentlich alles richtig gemacht. Zermürbendes Resultat: Dieses Mal hingegen lief und lief der Markt.« Verzweifelt hast du gemeint, die Markttechnik sei zu distanziert, irgendwie nicht persönlich, nicht konkret, nicht eindeutig genug, da sie parallel immer mehrere Überlegungen zulasse. Auf Grundlage derselben Überlegung könne man in jedem Chart long *oder* short gehen, irgendwie immer den *Trend* oder die *Bewegung* oder den *Ausbruch* handeln oder all das gleichzeitig ...

Jack schüttelte den Kopf. »Ich glaube eher, dass du das mit der Aufgabe der Markttechnik noch etwas falsch interpretierst und daraufhin Fehltrades falsch bewertest.« Während dieser Worte hatten seine Finger mit einem Kugelschreiber herumgespielt, das Folgende unterstrich er nun mit entsprechenden Zeichnungen in der Luft: »Du siehst im Chart einen *Punkt 2* oder Umkehrstäbe springen dich geradezu an? Tolle Trends, riesige Bewegungen, langatmige Korrekturen und die Dinger namens Innenstäbe, die selbst ja nichts anderes sind als die Darstellung eines sich auf einer tieferen Zeiteinheit abbildenden Trends.« Jack zwinkerte belustigt mit den Augen. »Klar sieht das toll aus. Nun noch fix ausgelost, ob man den *Trend*, die *Bewegung* oder den *Ausbruch* handelt – und fertig. Das wollen alle. Aber die Wirklichkeit ist, dass du bei jedem Trade damit rechnen musst, dass es mit diesem vorbei ist. Es ist wie in einer Schlacht. Du als technischer Yogi gegen die anderen drei: Die Arbitrage – *Hallo, Tim.* Das Hedging – *Hallo, Madame Vanessa.* Und mich – den Fundamentalisten – *Yeah* ...« Jack nickte allen dankend zu. »Ich bin hinter dir her, weil ich einen möglichst geilen Kaufkurs für meine Investitionen haben will. Tim läuft der Kassamarkt davon, deswegen dreht er nun an der Terminmarktschraube ein bisserl *long* herum, zeitgleich positioniert er sich *short* im dazugehörigen Kassamarkt, arbitriert die Märkte auf zeitlicher Ebene, oder aber: Vanessa hüpft im Dreieck, da neue Kurshochs am Kassamarkt Umsatzerlöse, Erträge- und Einstandspreise ihres Konzerns gefährden, sie daher gezwungen ist, *long* Positionen am Terminmarkt zu eröffnen, diese Futures jedoch in der Regel vor Terminfälligkeit innerhalb der Restlaufzeit wieder auflösen wird, mit dem angestrebten Effekt, dass Kursgewinne und Kursverluste sich bis zum tatsächlichen Glattstellungszeitpunkt in etwa die Waage halten.« Jack nannte ein weiteres einfaches Beispiel. »Wenn im großen Volumen des DAX-Futures beispielsweise 500 Kontrakte reinkommen und diese sofort zu ein paar Pünktchen Anstieg führen, woher willst du wissen, ob der Käufer wirklich *long* geht? Vielleicht ist es ja auch nur unser arbitragehungriger Tim, der den Future kauft, um eine riesige Position in seinem Skontro zu arbitrieren. Du denkst, der Markt muss mit dieser Order steil gehen, gehst *long*, und dabei ist der Kauf für Tim nur das *Closing*, also der fehlende Arm seines Arbitragegeschäftes. – Okay?«

Nach einer Pause fügte Jack hinzu: »Jedem muss klar sein, dass er Spuren im Orderbuch hinterlässt. Jeder will am liebsten in Korrekturen kaufen oder in diese hinein verkaufen, was wiederum Trends entstehen und vergehen lässt. Alle, die in einem Chart gefangen sind, werden rund um die Uhr gejagt. Wobei nicht immer klar ist, wer Jäger und wer Gejagter ist. Daher, Philip, musst du lernen, dass sich dies sekündlich ändern kann. Eben noch bist du Räuber – zack – und plötzlich bist du Beute.« Jack unterstrich seine Worte mit einem Beispiel aus der Tierwelt: »Stell dir mal vor, du bist ein Bär und lebst in der Nähe eines Flusses. In diesem Jahr gibt es viele Lachse und wenig Bären. Alle Bären werden satt, nur die Lachse werden weniger. Im nächsten Jahr genauso. Im übernächsten Jahr gibt es bereits so wenig Lachse, dass die Bären nicht mehr satt werden und deswegen aggressiv aufeinander losgehen. Du hattest das Pech, zufällig neben dem stärksten Bär am Fluss zu stehen. Der hat dich so vermöbelt, dass du dich nächstes und übernächstes Jahr nicht mehr an den Fluss traust. So geht es auch noch anderen Bären, wobei manche diese Schlägereien nicht überleben. Beides vermindert die Anzahl der Bären an diesem Fluss. Dadurch werden im nächsten Jahr weniger Lachse aufgefressen. Irgendwann gibt es dann wieder so viele Lachse, dass die stärksten Bären zu satt sind, um fremde Bären zu vertreiben. Bis in irgendeinem zukünftigen Jahr wieder so viele Bären Lachs fangen wollen, dass nicht mehr alle satt werden. Ach ja, falls du an diesem Fluss zufällig der stärkste Bär bist und die anderen vertreiben kannst: Auch für dich wird das Jahr kommen, in dem ein anderer stärker sein wird ... Für euch technische Yogis gilt das umso mehr, als ihr auch noch die Vielfalt der Zeiteinheiten im Rücken habt.« Jack tauschte einen schmunzelnden Blick mit den anderen. »Leider kann man während der Börsenöffnungszeiten niemandem vertrauen, weil jeder in erster Linie selbst Kohle scheffeln will und sich nur überlegt, was für sein eigenes Bankkonto gut ist und was nicht. Alle wollen nur ihr Bestes: IHREN Gewinn. Ob Philip vielleicht mal einen Plus-Trade bräuchte und ob es nicht besser wäre, die Korrektur einer Bewegung ihm zuliebe wegzulassen, überlegt hier leider keiner.«

Alex stimmte Jack zu. »Eigentlich muss man schon bekloppt sein, um in diesem Geschäft normal zu bleiben. Wie soll man es denn aushalten, wenn jedes Kursgezappel quasi millionenfach anders bewertet wird und man das auch noch vor allen Augen sichtbar machen muss!«

»Und wenn einer genügend Geld hat, geschieht dies auch – unter der Anteilnahme aller anderen. Nichts bleibt geheim.« Jack machte eine Pause, legte den Kopf etwas schief. »Wenn ich meinen Industriestaubsauger anmache und alle Aktien, die der Markt hergibt, einsauge, dann könnt ihr euch alle ohnehin jegliche Analyse in den … ihr wisst schon schieben.« – Da war es wieder, sein berühmtes Augenzwinkern.

»Und während Jack auf eine Korrektur wartet, um sich weiter billig einzudecken, erhalte ich schlichtweg den Befehl, den Preisanstieg zu hedgen, und schon fliegt euch euer schöner Chart ein paar Minuten später erneut um die Ohren«, triumphierte Vanessa und hob ihr noch leeres Glas wie zum Toast.

Jack, immerhin fast 40 Jahre Handelserfahrung in sich vereinend, klopfte dir auf die Schulter und fasste zusammen: »Du meinst also, deine Handelslogik müsse dir gegenüber fürsorglicher sein und dir den Dank dafür, dass du sie und keine andere anwendest, auf eine bessere Art und Weise mehr beweisen, als dich durch die Vielfalt der Markttechnik verzweifeln zu lassen?«

Ein zögerndes Nicken.

»Wie würdest du deinen Beruf beschreiben?«

»Händler …«

»So, so … und was macht ein Händler so den ganzen Tag?«

»Er handelt …«

Raunen.

»Tradet …?«

Staunen.

»Will schnell Geld verdienen …?«

Raunen und Staunen.

Jack hob die Hand, um seine Worte zu unterstreichen: »Er S-P-E-K-U-L-I-E-R-T …«, und zog sein Jackett aus. »Und jetzt zeige ich dir mal, was das heißt!« Er hängte sein Jackett über den Ledersessel und krempelte seine Ärmel hoch: »Mitkommen!«

Mit strahlenden Augen und riesigen Schritten hüpftest du zurück zu deinem Rechner. Jack allerdings ging an dir vorbei bis zur Küchentür und drehte sich dort zu dir um. »Hier rein!«

In diesem Moment klingelte auch der Lieferservice. Während ich den Lieferservice bezahlte, trug Vanessa unsere Gläser und Tim und Alex brachten den Wein und die Antipasti hinüber auf den Küchentresen. Anschließend schob ich beide Flipcharts an Ort und Stelle. Ich wusste um Jacks Vorhaben. Ursprünglich hatte ich vorgehabt, diese Nummer in den kommenden Tagen selbst mit dir durchzuziehen, andererseits hielt ich es für viel besser, dass sich die vier deiner annahmen. Denn so würde das, was nun kommen sollte, für dich umso eindrucksvoller sein.

Nachdem es sich alle gemütlich gemacht hatten, zeigte Jack auf unseren Kühlschrank. »Was ist das?«

Mit gerunzelter Stirn erwidertest du: »... ein Kühlschrank?!«

»Genauer, Philip, genauer! Beschreib ihn.«

»Groß ... grau... schwer ... Edelstahl ...«, brachtest du irritiert heraus.

»Okay. Nehmen wir nun an, du würdest dich dem Studium der Gebrauchsanleitung dieses Dings widmen, dann könntest du auch noch Fakten zu Kühlschranktyp, Energieeffizienzklasse, Verbrauch, Nutzinhalt, Gefriervermögen und so weiter dazupacken. Na, du weißt schon, diesen ganzen technischen Kram ...« Ein bedächtiges Nicken deinerseits folgte. »Weiter angenommen, ich buche nun für dich noch ein Kühlschranktechniker-Seminar, dann könnest du das Ding nach zwei Wochen im Handumdrehen in seine Einzelteile zerlegen und uns deren Aufbau und Funktionsweise einzeln runterbeten ...«

Dein Blick machte allen klar, dass du keinerlei Vorstellung davon hattest, worauf er damit hinaus wollte; dass aber deine Verzweiflung hinsichtlich der Markttechnik hierdurch nicht nur nicht besänftigt wurde, sondern deine Verwirrung immer mehr zunahm. Du suchtest vorsichtig den Blick zu mir. Ich nickte beruhigend und gab dir damit zu verstehen, dass Jack seine Sache gut machen würde. Das tat er dann auch: Er schickte dich im weiteren Verlauf auf eine Kühlschrankuniversität und ließ dich anschließend noch ein Diplom in Betriebswirtschaft und mehrere Verkaufstrainings machen. In den Augen aller warst du damit nun nicht nur der *beste* Kühlschrankingenieur und -sachverständige des Landes, sondern auch der *beste* Unternehmer des Jahres. Du warst damit nicht nur versiert im Umgang mit geschäftlichen Zahlen, sondern konntest jeden, der deinen Laden betrat, sowohl fachlich exzellent beraten als ihm auch auf jeden Fall ein Gerät verkaufen.

Jack zog sich einen Flipchart heran und zeichnete mit wenigen Strichen einen markttechnischen Trend auf. »Was ein *Punkt 2* ist, muss ich dir nicht erklären.« Mit Grau deutete er jene drei daraus resultierenden Handelsausrichtungen an. »Ebenso weißt du um die Verfahrensweise und Bedeutung von *Handel des Trends*, der *Bewegung* und des *Ausbruchs*. Deine Hausaufgaben sind gemacht. Kurzum, du kennst dich mit den Details aus; ganz wie bei den Kühlschränken.«

Jack zeigte auf den Flipchart (1) und fragte dich, wie du in dieser Marktsituation handeln würdest – den *Trend (T)*, die *Bewegung (B)* oder nur den *Ausbruch (A)** – und wollte zusätzlich eine Aussage über deren Wertigkeit hören.

* Siehe Erläuterungen ab Seite 143

Du betrachtetest das Schema: »Nun … die Korrektur lief sauber in die Bewegung hinein, und bei Durchbruch des letzten lokalen Hochpunktes ist ja mit schnellem Schub aufgrund von Positionsschließungen, -eröffnungen und -drehungen zu rechnen«, schoss es aus dir heraus. »Es ist daher egal, was man handelt …« Dies wurde von dir mit dem Verweis auf nun zu erwartende Bars, welche durch ihre Größe und Deutlichkeit klar hervorstächen, jedoch in der Anzahl sehr gering seien und einen hohen Punkteverlauf erreichten, begründet.*

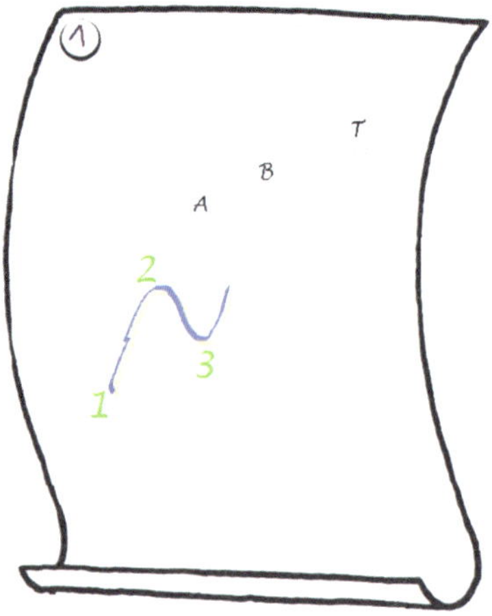

»Junger Mann! Genau hier liegt der Hund begraben …!« Jack stellte sich wieder vor den Kühlschrank und wendete sich erneut seiner Analogie zu. »Angenommen, du bist Kühlschrankfanatiker und kommst in mein Büro gestürzt, krachst mir deine tausend Diplome und weiß der Teufel was auf den Tisch und bettelst mich auf Knien an, dir zwei Millionen zu geben, weil du den geilsten Kühlschrankladen, den es weltweit und jemals gab, aufmachen willst. Was, glaubst du, werde ich dazu sagen?«

Von dir kam für mehrere Sekunden … fragende Stille.

»Hilft jemand von euch unserem Kühlschranksupermann?«, raunte Jack in die Runde. »Alex, du vielleicht?«

»*Wo*?«, gab Alex zurück, und alle schmunzelten Alex und dich an.

»*Wo*?!« Tim wiederholte Alex' Antwort und drohte spielerisch mit dem Finger.

»Was, *wo*?«, hast du die beiden zurückgefragt.

Jack zog die Vorführung wieder an sich: »Ich werde fragen, *wo* du den Laden aufmachen willst. Wenn du Kühlschränke in der Wüste verkaufen willst, dann sind dir meine zwei, besser vier Millionen möglicherweise gewiss. Wenn du die Dinger aber in der Antarktis verscherbeln willst, dann steht als Nächstes der Rauswurf aus meinem Büro an.« Jack setzte bewusst eine Kunstpause. »… und das, obwohl du laut den von dir vorgelegten Zeugnissen und Diplomen der Überhaupt-Ober-Kühlschrank-Yogi bist.«

Jack schnappte sich ein Antipasto. »So, mein Junge ...« Mit betonter Langsamkeit verlieh er seiner Frage Gewicht. »Also, was hat es in diesem Zusammenhang nun mit dem Begriff der Spekulation auf sich?«

Du standest etwas versteinert da, aber die Worte der anderen rüttelten dich wach.

* Siehe Erläuterungen ab Seite 143.

»… du kannst der Kühlschrank-Ober-Ober-Yogi sein, achtzehn Stunden im Laden stehen und die restlichen sechs Stunden weiter ans Geschäft denken, dennoch, in der Antarktis bleibt dein Laden leer …!«, ermahnte dich Vanessa mit einem zuckersüßen Lächeln, worauf Tim meinte, dass die Entscheidung, den Laden besser in der Wüste zu eröffnen, dem einfachsten Nachdenken geschuldet sei. Daraufhin meinte Alex: »… und selbst dann kannst du, wenn du morgens verschlafen deinen Laden betrittst und der riesige Schatten des über Nacht neu erbauten ›Mediamarkt-Tempels‹ auf dich niederfällt, trotzdem Pleite gehen …« Damit hatte er ja schließlich auch Recht, denn bei Anwendung gesunden Menschenverstandes muss man auch mit dem Unbekannten rechnen, wodurch also eine klar umrissene und eindeutige Idee dennoch zu einer *Spekulation* werden kann. Die Spekulation in diesem Beispiel entspringt damit nicht der Wahl zwischen *Wüste oder Antarktis*, sondern dem Wissen, dass trotz des vernünftigen und nahe liegenden Gedankens, dass Kühlschränke unter der brennenden Äquatorsonne leichter zu verkaufen sind, dieses Vorhaben aber natürlich trotzdem ein Restrisiko enthält.

»Zurück zu meinem Schreibtisch, vor dem du, nach Startkapital bettelnd, stehst. Wie wird das Gespräch denn nun wirklich ausgehen? Dass du dir deine ganzen Diplome und dein auswendig gelerntes Fachwissen in den … na, wir wissen schon … schieben kannst, wenn du mir also im selben Atemzug erklärst, dass ich Kühlschränke in der Antarktis finanzieren soll, das hatten wir ja schon …« Jack ließ seinen Blick durch die Küche schweifen. Wir alle wussten, dass die eigentliche Aussage erst jetzt folgte. »Wedelst du hingegen mit deinen Diplomen und schreist ›Wüste! Wüste!‹, schmeiß ich dich nach zehn, na, wenn ich ehrlich bin, nach fünf Sekunden dennoch raus …«

»Ich kriege das Geld auch für den Laden in der Wüste nicht?« Deinem Blick nach zu urteilen, war deine Verwirrung nun komplett.

»Ja. Und das, obwohl du der Kühlschrank-Ober-Yogi bist!« Jack ließ dich grübeln und trommelte mit den Fingern auf den Kühlschrank. Schließlich sagte er: »Für was brauch ich dich und deine Diplome, um Kühlschränke in der Wüste zu verkaufen? Das kann ich, der ich nicht mal den Unterschied zwischen Gleich- und Wechselstrom weiß und noch nie einen Kühlschrankladen von innen gesehen habe, doch genauso gut selbst. Dein detailliertes Wissen ist doch aufgrund der massiven Nachfrage in der Wüste gar nicht vonnöten! Die Dinger werden sich doch quasi von selbst verkaufen. Also im Ernst, wozu einem hoch ausgebildeten Fachidioten meine Millionen geben, wo doch unter dieses Umständen jeder ungelernte Wüstensohn so einen Laden führen könnte?!«

In all den Monaten unserer Zusammenarbeit hatte ich dein Schweigen bereits häufig erlebt. Aber als Jack damit klarmachte, dass Details nicht mehr von Belang sind, wenn das Setup stimmt, zeigte sich ein völlig anderes Schweigen bei dir. Es war nicht das Schweigen, das mit starken Emotionen einhergeht. Oder ein Schweigen, das Unterordnung, Verlegenheit oder Verblüffung signalisiert. Nein, dieses Schweigen war anders. Als wärst du über eine völlig neue Spezies gestolpert, eine neue Lebensform, welche du jetzt langsam und mit äußerster Vorsicht und Besonnenheit umkreist. Du rümpftest die Nase, musstest aber nach kurzer Zeit zugeben, dass mit oder ohne Diplome so ein Laden in der Wüste immer brummen würde und eine Geschäftspleite durch den Besuch des Mediamarktes selbst dann nicht abwendbar wäre, wenn du vor lauter Fachwissen selbst schon wie ein Kühlschrank wärst.

Alex nickte. »Ich habe bereits viele Trader getroffen, für welche die Bretter, die die Welt bedeuten, der absolute Holzweg waren und die das Holz meistens nur vorm Kopf hatten. Weil sie nämlich trotz ihrer ständigen neuen Ach-so-mega-super-Einstiegsformeln nur *Kühlschränke in der Antarktis verkauften.*«

Vanessa stupste Alex an. »Das ist so wie neuer Sex. So etwas gibt es einfach nicht. Punkt. Aus. Basta.«

Jack zog den Flipchart (1) noch mal heran. »Nun zum Wesentlichen: Das Sachverständnis um die markttechnische Bedeutung des Trends und dessen *Punkt 2* und *3* hast du – gleich dem Kühlschrank-Yogi, der weiß, was zu tun ist, wenn die Ladentür bimmelt. Was dir fehlt, ist die *Bewertung* des Signals, also die Antwort auf die Frage ›Verkaufst du Kühlschränke in der Wüste oder in der Antarktis?‹ Wenn du anfängst, dich ›jenseits des Signals‹ zu begeben, heißt das, du beginnst Aussagen zu treffen über alles, was da draußen wahrhaft als *Spekulation* bekannt ist, war und jemals sein wird.« Jack wollte damit aufzeigen, dass sich bei jedem beliebigen Feld-Wald-und-Wiesen-Signal, jeder Trendlinie oder Candlestick-Formation, jedem *Punkt 2* oder, oder, oder … dessen Nutzen allein aus dem Gesamtbild herauslesen lässt. Wie bei einer Immobilie erschließt sich die Qualität nicht durch ein angenehm zu lesendes Exposé, also eine cool oder schön klingende Definition, sondern einzig und allein durch die Lage.

»Für dich ist die Markttechnik noch zu sehr ein Akt der speziellen Vorsehung: dass beim *Punkt 2* ein Trend entsteht und ab diesem Moment nur noch die Sonne scheint«, fasste Jack schlussendlich zusammen.

Du standest da und konntest mit diesen für dich neuen Ideen noch nicht so recht etwas anzufangen. Verzweifelt und verwirrt hast du mich angeschaut. »Verstanden hast du alles«, beruhigte ich dich. »Dir fehlt nur noch die richtige Deutung der Wirkungsweise der Gesetze der Markttechnik. Du musst lernen, es richtig zu gewichten. Eine Schwalbe macht noch lange keinen Sommer … oder wie ging der Spruch? Genauso ist es hier: *Ein* Durchbruch durch einen *Punkt 2* macht noch lange keinen Trend.«

Jack zog den zweiten Flipchart zu sich und erklärte: »Der linke Flipchart (2a) zeigt die große, übergeordnete, der rechte Flipchart [ebenfalls mit 2a bezeichnet] hingegen ist identisch mit dem Flipchart (1) und zeigt die von dir für deinen Trade beabsichtigte Zeiteinheit. Ob das nun beispielsweise ein Tick- und 10-Minuten-Chart oder ein 10-Minuten- und 60-Minuten- oder ein 60-Minuten- und Tages-Chart sein sollte, ist völlig nebensächlich. Das Schema gilt für alle Zeiteinheiten gleichermaßen. Deine erste zu suchende Antwort findest du mit der Frage: ›Liegt in der großen Zeiteinheit ein Trend vor?‹ Die Markttechnik gibt hierzu klare Antworten. Hofner hat dich ja sicher schon monatelang mit den entsprechenden Definitionen und Besonderheiten gequält.«

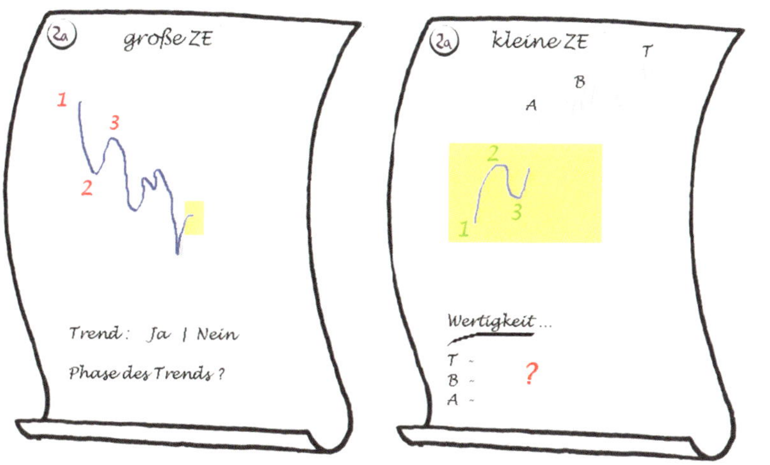

Jack schrieb diese Frage in den Flipchart und fuhr fort: »Sollte ein Trend vorliegen, steht nun die alles entscheidende Frage nach dessen *aktueller Phase* an. Aber vorher noch etwas anderes ...« Jack tippte auf den rechten Flipchart. »Erst zu deiner gehandelten Zeiteinheit: Hier besteht für dich jederzeit die Möglichkeit für *Trend-*, *Bewegungs-* und *Ausbruchshandel*. Womit wir bei der dritten Frage, jener der *Wertigkeit*, angelangt wären.« Jack deutete auf dem Flipchart die drei Handelsausrichtungen an und sagte:» Vorhin war – wie auf dem Flipchart (1) – keine Aussage über die Wertigkeiten der einzelnen Handelsausrichtungen möglich. Jetzt sieht das schon anders aus!«, womit er dich erneut um eine Aussage bat, und du erkanntest auf der übergeordneten, der großen Zeiteinheit zielsicher den Trend.

»Okay. Treffen wir nun eine Aussage über dessen Phase ...«

Deine Augen verengten sich zu messerscharfen Schlitzen. – *Phase ...?? Phase ...?? Phase ...???* Jack erinnerte dich an den Trendaufbau und, darauf aufbauend, an die Merkmale von *Bewegung* und *Korrektur*: »Denk an: Geschwindigkeit, sauberer Ablauf, Momentum!«

»... die – im Detail sicherlich langatmige, unsaubere – Korrektur ist fortgeschritten, daher könnte sich die nachfolgende *Bewegung* demnächst mal melden. Diese wiederum geht sauber, mit schnellen Kursschüben und demzufolge sauberen Bars einher.«

»Nun gib der Phase eine Wertigkeit.« Jack schlug vor, es den Hotelkategorien gleichzutun, also einen Stern für die unterste bis fünf Sterne für die höchste, die Luxuskategorie, zu vergeben.

Fünf tödliche Blick trafen dich, als du lediglich drei Sterne vergabst. »... wir sind ja noch nicht am *Punkt 2*!«, lautete deine Rechtfertigung.

»Wie oft haben wir darüber schon geredet ...?«, ermahnte ich dich. »*Punkt 2* ist bedeutsam hinsichtlich der Schieflagen von Marktteilnehmern, aber wenn du dessen Funktion wirklich verstanden hast, wirst du die Korrektur eines intakten Trends *immer* bevorzugen.«

Es war dir sichtbar peinlich, unter Vanessas funkelnden Augen das deutlich bessere Chancen-Risiko-Verhältnis vergessen zu haben. Deine Gesichtsfarbe glich mittlerweile der einer überreifen Tomate. »Tschuldigung. Ihr habt Recht. Also dann: Fünf Sterne.« Für diese Entscheidung konntest du rundum Zustimmung ernten.

»Das hätten wir also. Nun zu deiner Zeiteinheit.« Jack zeigte wieder auf den rechten Flipchart (2b), kratzte sich am Kopf, und während du überlegtest, was jetzt käme, fasste er die Auswahl mit den klassischen Worten eines Tradinganfängers zusammen: »Lust auf einen Trade? Ja, warum nicht ... *Punkt 2* sieht fantastisch aus, zum anderen sitz ich schon den halben Tag davor ... Also: Trend, Bewegung, Ausbruch? Okay, ich habe die letzten Trades schon nur eingezahlt ... mhm ... ich handle mal den Trend, das Signal soll ja schließlich einen Megaanstieg zur Folge haben, und ich brauch Geld. Viel Geld.« Jack brachte damit auf den Punkt, dass man viel zu vorschnell mit Leib und Seele an den markttechnischen Spielen teilhaben will, ohne sich selbst auf die Verletzungsgefahren hinzuweisen.

Jack bat dich, den drei Handelsausrichtungen eine neutrale Wertigkeit zu geben. Du sagtest, dem reinen Signal nach wäre der Trendhandel möglich, unter dem Gesichtspunkt der Wertigkeit wäre der Trade aber nur einen Stern wert. Jack bestätigte deine Antwort: »Denn wieso einen Stopp weit weg setzen – wie es der Trendhandel nun einmal vorgibt –, wenn doch damit zu rechnen ist, dass der Markt demnächst dreht?« Er erinnerte an die Fünf-Sterne-Phase der großen Zeiteinheit. »Ein einziger Blick auf die große Zeiteinheit zeigt, dass die Lage des Signals der Signalrichtung widerspricht.«

»Würdest du dennoch den Trend traden, würdest du damit Kühlschränke in der Antarktis verkaufen ...«, bestätigte Alex, der die Analogie sehr passend fand.

Deine Schlussfolgerung war richtig, dass der *Handel der Bewegung* daher zwar weit angebrachter wäre – weil der Stopp näher gesetzt und in kürzeren Abständen nachgezogen werden könnte –, dennoch aber nicht mal einen Drei-Sterne-Trade abgäbe. Die Fünf-Sterne-Phase der hohen Zeiteinheit spräche generell dagegen. Unter dem Gesichtspunkt der Wertigkeit betrachtet, wäre – wenn überhaupt – der *Handel des Ausbruchs* ein möglicher Ausweg, da hierbei die Stopps eng und die Kursziele nahe lagen. Dennoch wäre auch das bei Weiten kein Fünf-Sterne-Trade, indes allemal besser als der *Handel des Trends*.

Jack trug dies alles auf den Blättern (2b)ein.

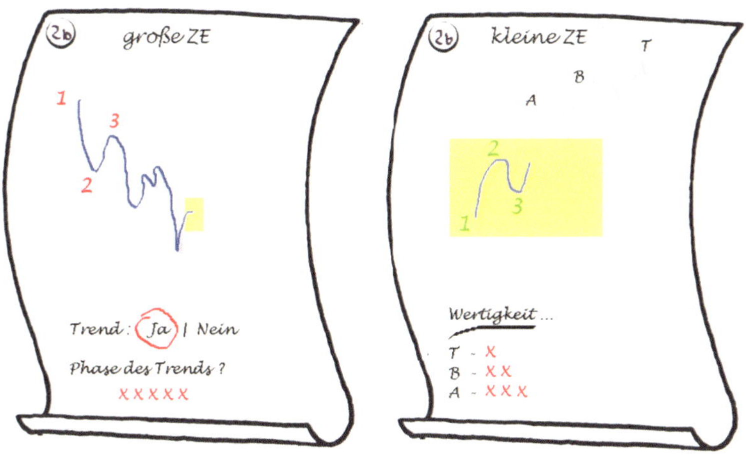

»So oder so ähnlich sieht das aus, wenn man trotz fachlich richtigem Signal *nicht* tut, worauf man Lust hat«, sagte Jack und warf dir einen bedeutungsvollen Blick zu.

»Was, wenn aber an meinem *Punkt 2* nun *doch* der Supertrend anfängt?«

»– He? Verzeih mir, Philip, doch wir anderen haben uns schon vor Jahren darauf geeinigt, offen miteinander reden zu wollen. Und da ich dich zu uns gebeten habe, werde ich dies – sofern dein Mentor, unser alter Freund Hofner, keine Einwände dagegen hat – mit dir genauso halten: Du sprichst mit einem derart heiligen Eifer von deinen Signalen, als könnten diese eine Religion durch eine andere ersetzen. Ich für meinen Teil verzichte *gern* auf einen möglicherweise sogar großartigen Gewinn, wenn dieser aus dem Erlös von Kühlschränken in der Antarktis stammen sollte.« Mit stolzer Brust verwies Jack darauf, dass er auf keinen Fall jeden erdenklichen Scheiß handelte. »Das ist unter meiner Würde!«, proklamierte er und drückte damit unmissverständlich aus, dass er keine der drei Ausrichtungen aus dem rechten Flipchart (2b) *long* handeln würde, wenn die übergeordnete Zeiteinheit aussähe wie im linken Flipchart (2b). Zwar war es nicht an ihm als

Großinvestor, die markttechnische Analyse zu verteidigen. Aber er wusste aus seiner jahrelangen Erfahrung, die er im Rahmen hitzigster Debatten mit Tradinganfängern gesammelt hatte, dass diese Debütanten solche Argumentationsstränge wie ein glühendes Schüreisen fallen ließen, da sie allzu oft fälschlicherweise glaubten, dass die klassischen Signale der Technischen Analyse bereits eine Wertigkeit beinhalteten; darüber hinaus interpretierten sie den Sinn der *Spekulation* falsch. – *Welch glühende Signalliebe!*

Jack skizzierte für Philip ein teilweise neues Szenario (Flipchart 3).

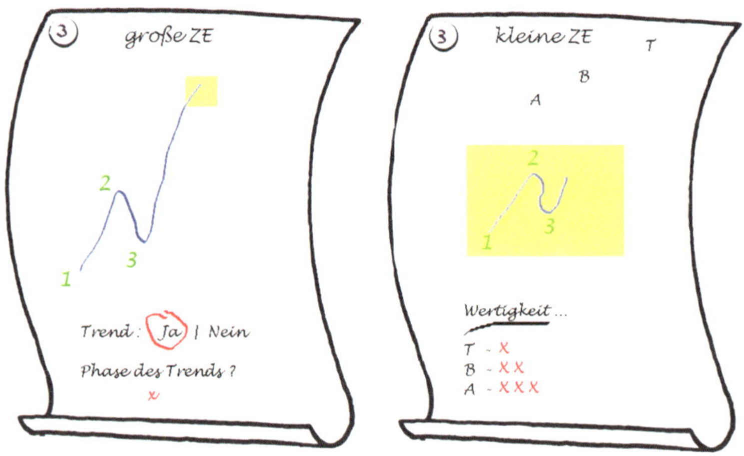

Jack zeigte auf die übergeordnete Zeiteinheit und schaute dich fragend an. »Trend?«

»Yeap, vorhanden.«

»Phase?«

Nach kurzem Zögern kam von dir als Antwort: »Ein Stern, wenn überhaupt …« Deine Begründung lautete, dass der starke Kursanstieg vielen Marktteilnehmer das Konto vergoldete und niemand ihnen übel nehmen könne, wenn nun die Gewinne eingefahren werden und damit die Korrektur eingeläutet wird. Du hast es mit einem alten Mann verglichen, der nicht mehr ganz im Saft steht. Vanessas Luftkuss traf dich zu Recht, und man konnte sehen, wie du am Abwägen warst, in welchem Kontext dieser stand; schließlich hatte sie ja vor einer halben Stunde was von der Anatomie des Küssens erzählt.

»Jetzt noch auf den schon lange fahrenden Zug aufzuspringen, ist schlichtweg dämlich.« Jack hielt seinen Daumen hoch. »Die Party ist voll im Gange. Möglich, dass sie noch weitergeht und richtig gefeiert wird, aber du kommst zu spät.«

Wir fünf waren damit einverstanden, dass, obwohl das Signal der kleinen Zeiteinheit in Richtung des übergeordneten Trends lief, dennoch alle drei Handelsausrichtungen von geringer Wertigkeit seien. Am günstigsten erschien der Bewegungshandel, besser noch der Ausbruchshandel, da auch hier, gleich Flipchart (2b), die Stopps eng gesetzt werden konnten.

Als Jack dein Zögern bemerkte, fügte er hinzu: »Du verkaufst bei diesem Chartbild zwar deine Kühlschränke in der Wüste und nicht in der Antarktis, aber du setzt deinen Laden genau neben den Mediamarkt und hoffst trotzdem, dass dein Laden brummen wird …«

Einer der anderen brachte es auf den Punkt: »Wenn du so einen Scheiß tradest, dann hast du es einfach nur *nötig!*«

Jack blätterte eine Seite auf dem Flipchart um, skizzierte eine neue Situation und bat dich, auch hier die Handelsmöglichkeiten zu bewerten.

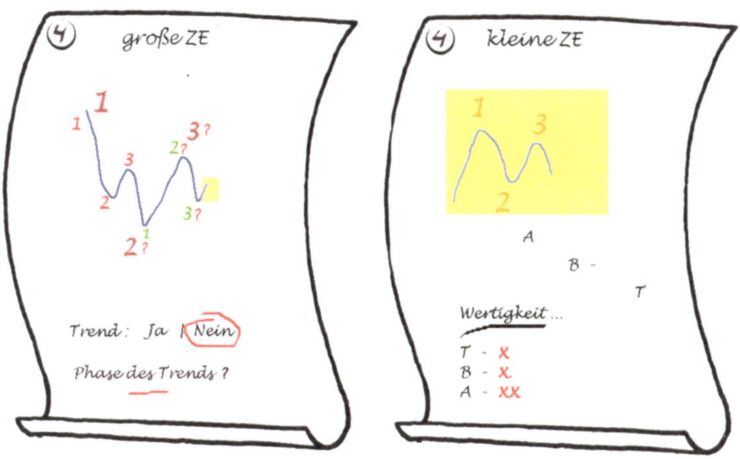

Du betrachtetest den neuen Flipchart (4) und erkanntest, dass die große Zeiteinheit momentan zwar Kursbewegungen, aber keinen Trend aufwies und sich Fragen nach der Phase des Trends damit erübrigten.

Jack bestätigte dies. »Damit haben sich die Wertigkeiten deiner Zeiteinheit ohnehin schon geklärt. Da können niemals Fünf-Sterne-Trades entstehen, wenn der Rückenwind des übergeordneten Trendverlaufes fehlt.«

Dein zögernder Einwand lautete, dass, sollte in der kleinen Zeiteinheit der Abwärtstrend einsetzen, dieser doch dazu führen könne, dass der in der übergeordneten Zeiteinheit fehlende Trend nun doch noch entstünde.

Ich bestätigte deine Beurteilung. »Das könnte passieren. Dennoch ist es immer von höherer Wertigkeit, im Rahmen der großen Zeiteinheit auf die *Fortsetzung*, statt auf die *Entstehung* eines Trends zu spekulieren!« Ich bat Jack, er solle doch einfach mal verschiedene Großwetterlagen skizzieren.

Jack kam dieser Bitte nach und präsentierte seine Malkünste auf dem Flipchart (5).

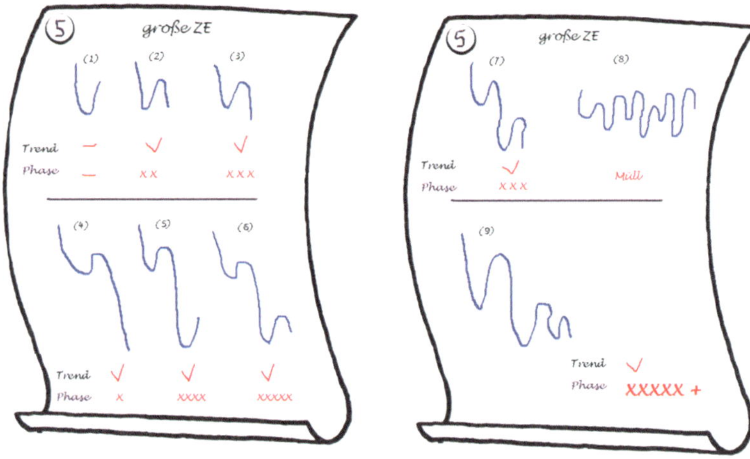

»*Punkt* 2 nicht als Signal, sondern als reinen Trendaufbau gesehen, lässt die unterschiedlichsten Wertungen zu. Der Verlauf (2) ist zwar ganz toll, bei näherer Überlegung dennoch schlechter als der Verlauf (7), da hier der Trend bereits jedem Marktteilnehmer augenscheinlich ist. Hier *ticken* die Marktteilnehmer also bereits einheitlich …«, sagte Jack. »Verlauf (9) ist in seiner Deutlichkeit unübertroffen und schreit, durch die Verschachtelung zweier 1-2-3s und deren kurz bevorstehenden Durchbrüchen, geradezu nach einem Trade. Dort fix die kleine Zeiteinheit aufgemacht, existiert die Frage nach dem Signal nicht mehr. Ob das nun ein Durchbruch durch irgendeine Trendlinie, eine bestimmte Candlestick-Formation, ein gleitender Durchschnitt oder ein *Punkt* 2 ist, besitzt keine Bedeutung. Was ich stattdessen wirklich brauche, ist die Antwort auf die Frage, welches Verhalten des Trades ich innerhalb meiner Positionierung zulasse: Trend, Bewegung oder Ausbruch!«* Jack legte eine bedeutungsvolle Pause ein. »Wenn ich so ein Fünf-Sterne-Setup habe, wie im Verlauf (9), dann brauche ich kein Signal mehr, dann reicht es mir völlig aus, dass ich mich einfach unter einer Periode *eintriggern* lasse und meinen Stopp entsprechend *Trend* und *Bewegung* versetzen und nachziehen beziehungsweise beim *Ausbruch* nur setzen kann.«

Jacks Begeisterung über diese Handelssituation erfüllte den ganzen Raum und war förmlich körperlich spürbar. Ich habe mich schon immer gefragt, wo er diese Energie hernahm. Ich weiß nicht, wie es den anderen gerade ging, ich bin mir jedenfalls sicher: Säßen wir in einem abgedunkelten Raum, Jack würde gerade leuchten. Aber schon machte Jack weiter: »Das Setup ist so geil, dass sich die Frage nach einem Einstiegssignal *nicht* stellt. Nur eintriggern lassen.

* Ausführliche praktische Hinweise hierzu sind in DER HÄNDLER Band 5 nachlesbar.

Fertig! Und dann Stopps entsprechend *Punkt 3* oder dem klassischen Bewegungshandel.«

Ich fügte hinzu, dass die Order für den Ausbruchshandel dann auch schnell klar sei: einfach auf die große Zeiteinheit auf den kleinen *Punkt 2*. »Das wird ein wundervoller Trade!«, und ich verwies darauf, dass die Details hierzu noch behandelt würden.

»Fraglich ist also allein, welche Trades du dir als Händler wert bist«, übernahm Alex und umschrieb dies mit dem Bild *Camping- oder Luxusklasse* … »Du musst all die Vorsehungs- und Wunderlehren da draußen genau wie die markttechnischen Signale stets im Kontext der traditionellen Frage: *Wer kauft nach mir?* beleuchten. Das wiederum funktioniert am besten, indem du die Phasen eines Trends bewertest.«

Im weiteren Verlauf von Jacks Einführung wurde dir klar, dass du dich viel zu lange um die Belange des jeweils aktuellen Bars gekümmert hast, zu lange dafür gesorgt hast, dass du immer irgendwelche Regelwerke zur Hand hast, um dir im steten Wechsel der reinkommenden Bars nur ja die Frage: »Ja, wo geht der Markt denn nun als Nächstes hin?« finden zu können.

»Üblicherweise bleiben die Trades eines Tradinganfängers innerhalb ziemlich berechenbarer Grenzen«, sagte Alex und meinte damit, dass bei dieser Art des Chartgefummels sowohl die fortdauernde Erschöpfung der Psyche als auch des Kontos vorhersehbar ist. »Erschwerend kommt dann noch der Irrtum hinzu, dass die Märkte, statt durch die Großwetterlage durch die zwar rührende, nichtsdestotrotz aber unausgereifte Liebe zu einem Lieblingssignal gesteuert werden könnten«, setzte er fort. »Wenn du die Markttechnik verstehst als das, was sie ist, nämlich ein Mittel zur genauen Bestimmung des großen Radarbildes, resultieren aus diesem Verständnis nun konkrete Verfahrensweisen, sprich *Stopp-Techniken*.«

Jack zeigte auf den Verlauf (9) des Flipcharts (5) und meinte: »Was schätzt du, wie wichtig bei dieser Fünf-Sterne-Plus-Bewertung noch ein einzelnes Signal ist? Im Ernst, das ist das letzte und unwichtigste Glied dieser Kette. Wenn du zum Beispiel Ruderer werden willst, musst und wirst du schnell lernen, dass du dein Boot zwar hierhin und dorthin lenken kannst – dies aber wird bestimmt durch die vorgegebenen Grenzen der Flussufer sowie durch die natürliche, keiner Veränderung von deiner Hand zugängliche Lage des Flusses und seiner Fließrichtung. Nur mal so zum weiteren Grübeln: Wie lange, glaubst du, kann ein Weltmeister am Stück und ohne Unterbrechung gegen die Fließrichtung rudern, bis er ermüdet? Zehn Minuten? Zwei Stunden? Von der Morgen- bis zur Abenddämmerung? Und du? Wie lange kannst du als Nichtweltmeister das? Oder mit anderen Worten: Wie weit kommst du und wie kommst du wieder zurück ans Ufer? Und was passiert, wenn du keine Kraft mehr hast zu rudern, aber das Ufer weit und breit keine Anlegemöglichkeiten bietet?«

Sehr nachdenklich gabst du Vanessa anschließend Recht, als sie, Jack ergänzend, sagte: »Der Abgleich mit dem großen Bild ist der einzige Weg zur Wahrheit. Man muss Wertigkeiten festlegen und diese dann suchen und aufhören mit dem kindlichen Wünschen! Der Wunsch, vom Markt endlich ein tolles Signal gezeigt zu bekommen, hat nichts mit der Wahrheit zu tun. Es ist vielmehr der Wunsch eines Tradinganfängers nach mehr Taschengeld, weiter nichts! Da ist der Wunsch, keine Verlusttrades erleben zu müssen, ist die Sehnsucht nach der ewigen Mutterbrust und bedeutet nur: Ich-will-die-100-Prozent-Trefferquote oder Ich-habe-keine-Lust-abzuwarten!«

Ich erinnerte dich an etliche unserer mit Gesprächen verbrachten Stunden. »Unabhängig davon, dass er nicht existiert, hat die korrekte Anwendung markttechnischer Überlegungen hinreichend belegt, dass auf den heiligen Gral verzichtet werden kann – nun musst du nur noch den Mut besitzen, diesem Beweismaterial zu dessen redlichem Schluss zu folgen. Du musst erkennen, dass es für dich zuallererst um die Frage gehen muss: *Wer kauft nach mir?* Deine reinen Signale beantworten jedoch nur die Frage: *Was überwiegt hier und jetzt?* Du musst beides kombinieren.«

Da die Markttechnik immer mehrere Sichtweisen, also *long* und *short*, zulässt, skizzierte Jack stellvertretend für die vielen, indes – wie er betonte – dennoch *endlichen* Möglichkeiten ein weiteres Schema.

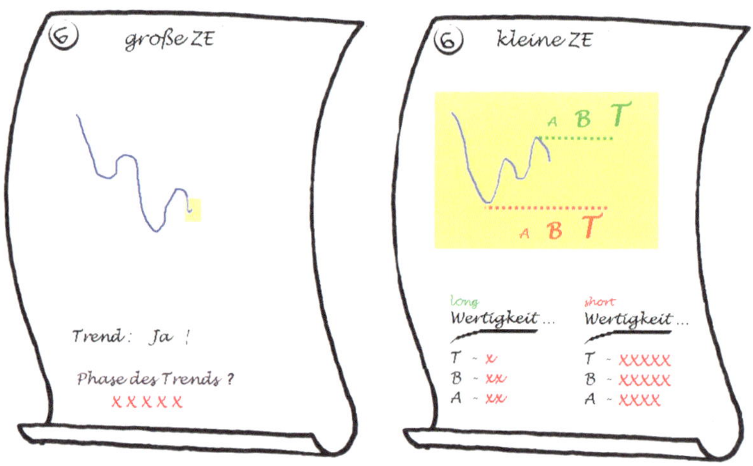

Deine Prüfung ergab, dass die Long-Seite mit den zur Verfügung stehenden Waffen, wenn überhaupt, nur mit der kürzesten Ausrichtung angegangen werden darf.

»Nicht das Signal als solches ist heilig, sondern die Suche nach dessen Lage. Welche Handlung wäre im Trading heilvoller?« Jack deutete auf den rechten Flipchart (6). »Hurra, wir setzen auf beide Seiten Orders und handeln jetzt beide Trends … yeap, und fertig ist der komplette Schwachsinn: Damit würdest du sowohl Kühlschränke in der Antarktis als auch in der Wüste verkaufen. In solchen Situationen *long* zu gehen … autsch. Solche Trades sind auf Treibsand gebaut.« Jack zeigte auf den lokalen Tiefpunkt der kleinen Zeiteinheit. »Das sind fünf Sterne! Sollte der Markt nun durchrutschen, sich aber vor dem Erreichen des lokalen Tiefs noch mal korrigieren, mithin einen erneuten *Punkt 2* hinterlassen – ja, das wäre dann ein Trade zum Niederknien …«

»… und um Gott zu danken, den du vorhin so verzweifelt angefleht hast«, warf Vanessa ein und faltete ihre Hände wie zum Gebet. Dabei blickte sie andächtig gen Himmel. Als das daraufhin einsetzende Lachen wieder langsam verebbte, fuhr Jack fort:

»Der Markt steht nie still, weswegen deine Betrachtungen – genauso wie der Chart – ebenfalls variabel sein müssen, da du die Varianten der kommenden Verläufe in Gedanken vorwegzunehmen hast.«

Auf zwei neuen Blättern zeichnete Jack links einen beliebigen übergeordneten Marktverlauf und dessen tiefere Zeiteinheit und rechts einige der möglichen Fortläufe (rot) des kleineren Marktverlaufs auf, wobei du wieder gefordert warst, die einzelnen Wertigkeiten zu bestimmen.

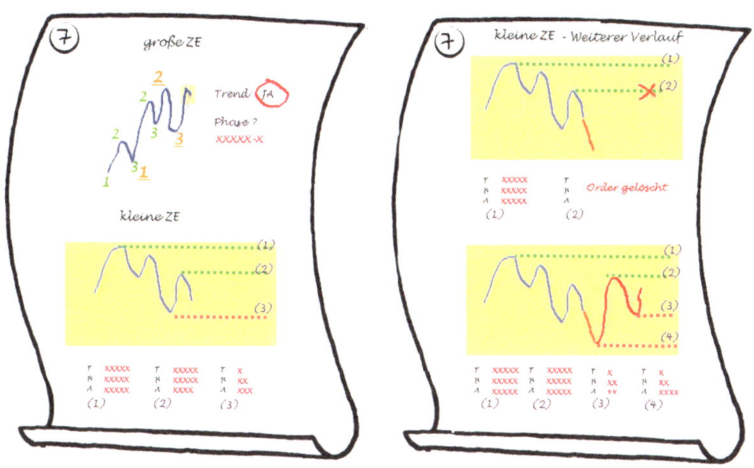

Deine Einschätzungen offenbarten, dass du es nun verstanden hattest: Die große Zeiteinheit wies einen kurzzeitig gebrochenen Trend auf, der durch den zügigen Anstieg aber kurz davor stand, wieder bestätigt zu werden. Der Trend stellte sich dadurch breiter auf, wurde *stärker.*

»Kurz vor dem Durchbruch durch diesen großen, rot gekennzeichneten *Punkt 2* repräsentierte der stabile Abwärtstrend auf der untergeordneten Zeiteinheit daher allein die Korrektur«, sagte Jack. »Eine dort am lokalen

Tiefpunkt platzierte *short*-Order (3) würde folglich – wenn überhaupt – nur einen Ausbruchshandel mit niedriger Wertigkeit zulassen. An dieser Stelle und Richtung die beiden verbleibenden Ausrichtungen *Bewegung* oder *Trend* handeln zu wollen, gehörte dagegen eindeutig zur Kategorie: *Da hat es mal wieder einer nötig …*«

Jack deutete im linken Flipchart auf das letzte lokale Hoch in der kleinen Zeiteinheit. »Hier dagegen eine *long*-Order (2) platziert, wäre schlau und clever.«

Deine Begründung für Jacks Tipp kam sofort: Sollte der Markt, ohne den lokalen Tiefpunkt vorher zu unterschreiten, ansteigen und die Order (2) erreichen, würde dies auf dieser Zeiteinheit einen Aufwärtstrend einleiten. Dieser läge innerhalb der übergeordneten Zeiteinheit ideal. Zusätzliche Wertigkeit erhielte dieser mögliche Trade durch den nahe liegenden lokalen Hochpunkt der kleinen Zeiteinheit. Kurz darüber läge der große *Punkt* 2 der übergeordneten Zeiteinheit und verwandelte diesen Trade in eine ideale »Kühlschrank-Wüsten-Spekulation«.

»In der Order (2) den Ausbruch zu handeln, wäre nicht verkehrt; gekrönt wird dieser Ausbruchshandel aber noch durch die Order (1), da dort, bezogen auf das große Radarbild, mit erheblich größeren Orders zu rechnen wäre«, fügte ich noch hinzu.

Deine Frage, ob es denn Sinn machen würde, die geplante Position zu teilen und gleichzeitig an (2) und (1) Orders zu legen, wurde mit Beifall bejaht. »Hierauf kommen wir noch gesondert zu sprechen«, sagte ich; hierzu warteten bereits Ausarbeitungen auf dich, aber das war ein anderes Kapitel. Eins nach dem anderen. Erst mal galt es für dich, die Sache mit den Wertigkeiten zu verinnerlichen und in deinen Handel einfließen zu lassen.

»Sollte der Markt die Order (2) nicht erreichen, sondern stattdessen unter den lokalen Tiefpunkt fallen …«, Jack stellte sich neben den rechten Flipchart (7), »dann kannst du diese Order getrost löschen. Aber nicht die Order (1)! Die bleibt drin, egal, was der Markt da unten noch veranstaltet.«

»Okay. Denn dieser Punkt bildet ja immer noch den Knackpunkt des ganzen Chartbildes. Ich müsste dann geduldig auf den unteren Marktverlauf warten.« Diese Erkenntnis brachte dir einen weiteren Luftkuss von Vanessa ein, dem sogleich ein zweiter folgte, als du erklärtest, dass, selbst wenn der Markt gleich durch die Order (1) schießen und die untere Variante einer Korrektur nicht eintreten sollte, dies kein Grund zur Panik sei, da deine Order (1) ja bereits im Markt liege.

Auch die Begründung, weshalb die *short*-Orders im unteren Schema des rechten Flipcharts unterschiedliche Wertigkeiten aufwiesen, war schnell gefunden: »Je deutlicher ein Punkt ist, umso sicherer für den Ausbruchshandel …«, meinte Jack und verwies abschließend noch darauf, dass das

Thema Wertigkeiten und deren Abstufungen jedoch nicht zu penibel betrachtet werden sollte.

»Ja wie jetzt? Was? Ja, aber …? Deswegen machen wir doch die ganze Veranstaltung?« Eine größere Menge an Verblüffung als jetzt bei dir hatte ich in einem einzelnen Gesicht vorher noch niemals gesehen.

»Ja schon, Philip.« Jack zeigte nochmals auf die Orders (1) und (2) rechts unten. »Aber in der Hauptsache geht es doch darum, zu erlernen, lediglich Fünf-Sterne-Trades herauszusuchen. Warum sich also noch unnötig mit Definitionen für Feinabstufungen rumplagen?«

»– Ja aber …«

»Kein ABER!«, unterbrach dich Jack vehement. »Kein ABER, sondern: WAS BIST DU DIR WERT?«

Deine Erwiderung hatten alle bereits erwartet, und da kam sie auch schon, wie aus der Pistole geschossen. »Aber solche Situationen kommen doch so selten …« Du unterbrachst mit einem tiefen Seufzen.

Alle außer dir wussten, dass diese Antwort deine noch fehlende Reife mit einem dicken fetten Strich untermalte, dennoch nahm dir das keiner übel. Für die Anwesenden lagst du, was Tradingerfahrung anging, schließlich noch in den Windeln beziehungsweise hattest gerade erst angefangen zu krabbeln.

Jack neigte seinen Kopf ein wenig zur Seite und zog eine Augenbraue hoch: »… und mit deiner aufgeworfenen Aussage sind wir wieder beim Ursprung angekommen: Was bist du dir WERT? Eine Frage ist allerdings noch offen; hast du eine Ahnung, welche? Nein? Diese hier: *Was heißt eigentlich spekulieren?*« Er holte tief Luft und atmete aus. »Die meisten Leute verwenden diesen Ausdruck abwertend. Zum einen dann, wenn etwas behauptet wird, was man nicht belegen kann, dem also die Grundlage fehlt. Zum anderen, wenn das Streben nach kurzfristigen und lukrativen Investitionsmöglichkeiten gemeint ist. Diese beiden Bedeutungen kennst du. Außerdem wird so eine philosophische Denkweise benannt, in der man zu Erkenntnissen gelangt, indem man über die herkömmliche Erfahrung hinausgeht und sich mit dem Wesen der Dinge und ihren ersten Prinzipien beschäftigt. All diese möglichen und richtigen Bedeutungen entspringen jedoch derselben Quelle: der Herkunft des Wortes und seiner ursprünglichen Übersetzung. Und hier werden wir die gesuchte Antwort finden. Also: Spekulieren wurzelt im lateinischen *speculari* und bedeutet *beobachten, spähen, sich umsehen*. Und DAS ist, worum es geht: SUCHEN, nicht INTERPRETIEREN! – Das ist dein Job. Nichts anderes.«

Jack gab mir mit einem Blick zu verstehen, dass ich statt seiner die Kernaussage formulieren sollte. »Keinem Trader der Welt, der wirklich Geld verdient, gelingt dies durch permanentes *Betrachten* und *Interpretieren* des Livemarktes. Sobald du anfängst zu interpretieren, hast du schon verloren!

Es ist der Griff nach einem jenseits eines Fünf-Sterne-Deals liegenden Trugbildes«, sagte ich also. Jack nickte zustimmend, denn auch er wusste natürlich, dass die ganze Sache mit der Fünf-Sterne-Großwetterlage einen Haken hatte. Und der hieß: abnehmende Handelsfrequenz. Daher mein Rat: »Du musst SUCHEN. Nur SUCHEN. Und *WAS* du suchen musst, ist klar – Fünf-Sterne-Trades. Du darfst nicht zum Schützen werden, der sinnlos in der Gegend rumballert. Ziel muss sein, ein Scharfschütze zu werden, der sich von den vielen potenziellen Zielen neben seinem eigentlichen Ziel nicht ablenken lässt und zusätzlich von *vielen* Hochsitzen aus *verschiedene* Beute ins Visier nimmt, aber immer erst dann schießt, wenn klar ist, dass er freies Schussfeld hat und deshalb treffen wird. Er verschwendet keine Munition und vor allem nicht seine Energie, er haushaltet auch sehr sparsam mit seinen Emotionen.« Ich brachte damit zum ersten Mal das Thema *Diversifikation* ins Spiel, welches in den kommenden Monaten zu einer wichtigen Lektion deiner weiteren Ausbildung avancierte.

»Ein erfahrener Trader redet nicht über *Einstiege*. Warum auch? Er wäre kein erfahrener Trader, wenn er nicht Fünf-Sterne-Setups hätte. Erfahrene Trader reden darüber, wie man im Universum der Märkte diese Setups schnell und zielsicher findet.«*

Jack, der so gut wie nie ein Blatt vor den Mund nahm, brachte es auch hier auf den Punkt. »Zu viele Trader starren den ganzen Tag einen Markt an, interpretieren jeden zappelnden Candle oder Bar, bomben alles mit sinnlosen Trades zu und stören einzig und allein den Marktverlauf. Zu viele Trader sitzen mit geröteten Augen vor den flimmernden Charts und fragen sich leider nicht oder nicht mehr: *Bin ich mir es wert, mit Ein-, Zwei- oder Drei-Sterne-Trades den Tag zu verbringen?* Wenn wir ehrlich sind, sieht es doch so aus«, Jack räusperte sich, »solche Trader sind einfach faul ... Schon richtig gehört: F-A-U-L!«

»Ja, aber sie verbringen doch den ganzen Tag damit ...«, verteidigtest du dieses Verhalten – schließlich hatte Jack im Großen und Ganzen damit auch deinen üblichen Tradingtag beschrieben.

»Ja, EBEN! Sie sitzen davor, pfeifen sich eine Schokolade oder einen Kaffee nach dem anderen rein und begeben sich nicht auf die SUCHE. Suchen heißt wirklich arbeiten ... gähn ... heißt, sich Gedanken machen, heißt, sich mit Setups beschäftigen, heißt, die Tür zu neuen Märkten aufzustoßen, heißt, sich eine Arbeitsweise anzugewöhnen, welche mehrere offene Positionen zeitgleich zulässt ... und so weiter, und so weiter.« Jack sprach damit indirekt auch das Thema des halb- und vollautomatischen Handels an, welches auch bei dir noch zu einem wichtigen Thema werden sollte. »Wirkliche Trades blühen nur in der Sonne des Suchenden auf. Und du hast die Freiheit, dich zu entscheiden: Willst du ein ewig Interpretierender oder ein Suchender sein ...«

* Ausführliche praktische Hinweise hierzu sind in DER HÄNDLER Band 4 nachlesbar.

Diese Freiheit hattest du natürlich zu dieser damaligen Zeit noch nicht wirklich in Besitz, denn sie war deinem Wollen noch nicht ganz zugänglich. Was aber mit den Jahren seitdem stärker wurde, war das, was dich erhob, das, was dich über dich selbst hinaustrug.

Im weiteren Verlauf des Abends kamen deine vier Ehen zur Sprache, deren Erforderlichkeit jeder der Anwesenden bestätigte und mit eigenen Episoden ihrer Praktikanten untermalten. Plötzlich stand die Frage im Raum, welcher der Marktteilnehmer die möglichen Ausrichtungen – Arbitrage, Hedging, fundamentale oder Technische Analyse – zu Beginn seines Traderlebens bevorzugen würde.

Jack, der ohnehin im Redefluss war, nahm sich des Themas an und tippte auf seine Aktentasche. »Aktuell will ich ein paar Euro in das Thema *erneuerbare Energien* stecken.« Speziell an dich gerichtet, fügte er noch hinzu: »Der Betrag von 250 Millionen soll um die 15 Jahre investiert bleiben.« Er schob die Flipcharts beiseite und machte es sich in einem Stuhl bequem. Dann erklärte er, dass er als Investor selten eine konkrete Aktie, sondern – zu deinem Erstaunen – vielmehr eine Branche ins Visier nehme, die innerhalb seines Anlagehorizontes eine Überlebenschance aufwies und aus deren Vielfalt von Einzelwerten nun mittels fundamentaler Analyse gute von schlechten Firmen getrennt würden.

Nach langen Analysen blieben dann schlussendlich beispielsweise drei Topfirmen im Rennen, dem Rest wurde in Bezug auf den Anlagehorizont keine allzu große Überlebenschance attestiert. Nun, so Jack, wurde der faire Wert mit der aktuellen Kursnotiz verglichen. Jack holte drei Aktiencharts aus seinem Aktenkoffer. Das Tüfteln seiner Analysten ergab für die erste Aktie einen fairen Wert von 12,50 Euro, der Chart hingegen zeigte, dass diese derzeit mit 60 Euro notiert war. Vor deinen Augen zerriss Jack lachend den Chart mit den Worten: »Null Kursfantasie mehr übrig. Ihr Jungs von Chart & Co. habt den Wert schon hochgezogen.« Dem nächsten Wert seiner favorisierten Branche wurde ein fairer Wert von 30 Euro unterstellt; der Chart zeigte einen aktuellen Kurs von 30,20 Euro. »Diese Aktie wäre zwar keine Geldvernichtung, wo allerdings bleibt da noch die Kursfantasie?« Der dritte Favorit müsste laut Datenmaterial fair zu 24 Euro notieren; dessen Chart zeigte jedoch einen unterirdischen Kurs zu 1,20 Euro.

Welche Aktien nun mit seinen Millionen überschüttet würden, sei klar, so Jack, woraufhin dein Hinweis auf den stabilen Abwärtstrend und die fehlenden fünf Sterne für ein Schmunzeln in der Runde sorgten. »Diese Beispiele galten nur dir als technischem Chart-Yogi …« Jack erklärte, dass ihm als Investor Markttechnik und deren Fünf-Sterne-Setups als Entscheidungsgrundlage nie reichen würde. »Mich interessiert nur eins: Gibt es die Firma in 15 Jahren noch?«

Alex nickte und übernahm. »Und dennoch schwören so viele Tradinganfänger auf genau jene fundamentalen Analysen und pochen mit eiserner Faust auf diese Berichte ... schließlich soll doch der Vorstand ... und hat doch das neue Produkt ... und die Umsatzzahlen sehen doch sooo rosig aus ... Warum wird von den vier Ausrichtungen von den Anfängern dummerweise immer die deinige herangezogen, Jack? Quartalsergebnisse, KGV, Branchenklima und Ergebnisse von Hauptversammlungen stehen in der Hitliste der Analysewahl offenkundig so weit oben, dass nahezu jeder Trader diese Ehe als Erstes eingeht und mancher sich aus den Klauen dieses Ehelebens nicht mehr befreien kann.«

»Nun, das liegt an deren Einfachheit«, kam Vanessa Jack zuvor. »Von meinem Hedging hat keine Sau Ahnung. Hierzu gibt es kaum Literatur, wie auch, liegt doch deren Anwendung in dem zugrunde liegenden Basisgeschäft begründet und kann folglich selten allgemeingültig präsentiert werden. Meine Anwesenheit im Orderbuch wird weniger mit dem Geldverdienen, sondern – wie es der Name ja schon sagt – dem Absichern vor Verlusten begründet. Damit scheidet meine Ausrichtung für den Anfänger aus und wird auch im weiteren Verlauf der meisten Tradingkarrieren häufig nicht mehr beachtet oder gar dauerhaft vergessen.«

Die Blicke fielen nun auf Tim. »Was will der Anfänger mit meiner Arbitrage anfangen? Viel zu komplex, viel zu viel Mathematik und Rechentechnik. Zum anderen: Die, die damit arbeiten, halten nicht viel davon, dies anderen zugänglich zu machen. Dass überwiegend Banken Arbitrage betreiben, ist ja hinlänglich bekannt. Daher weiß ein Tradinganfänger kaum, was da so gemacht wird. Wenngleich mein permanenter Orderfluss für Liquidität im Termin- und Kassamarkt sorgt und diese überhaupt erst mal miteinander im Gleichgewicht hält. Aber da keiner genau weiß, was ich mache, sitze ich ebenfalls sozusagen unsichtbar auf dem Pferd.«

»Also bleiben nur noch Hofner und ich übrig«, machte Jack wieder weiter. »Und hier fällt die Wahl stets auf mich. Also, was fasziniert den Tradinganfänger ausgerechnet an meiner Analyseform? – Nun, die Antwort ist relativ einfach. Die Faszination geht sicherlich in den allermeisten Fällen nicht von einer Leidenschaft für betriebswirtschaftliche Kennzahlen aus, sondern ist vielmehr in der allerersten Fragestellung eines Tradinganfängers zu suchen: *Was soll ich kaufen?* Dieser Aspekt wird schließlich par excellence in den Bergen von Berichten, Zeitungen und Börsensendungen bis zum Abwinken beschrieben.«

Jack fragte dich, worin du denn das Endziel seiner Arbeit sähest. Du nuscheltest darauf etwas von Kenntnissen über Kurs-Gewinn-Verhältnisse und Quartalsberichte; Begriffe wie Neuheiten und Produkte fielen auch. Jack übernahm erneut und schilderte, dass neben den *inneren* auch *äußere* Risiken

Einflüsse auf die fundamentale Bewertung nähmen. Wenn ein Manager unfähig sei, keine guten Ideen habe oder mit dem Geld nicht wirtschaften könne, dann wäre dies ein inneres Risiko. Wenn hingegen das Branchenklima gerade schlecht sei oder Devisen- und Rohstoffkurse extrem schwankten und Zinsen hoch notierten, könne sich selbst ein äußerst fähiger Manager diesem flauen Marktumfeld nicht entziehen und müsse auf kleiner Flamme kochen.

»Stell dir drei Analysten vor, welche, mit Taschenrechner sowie gespitztem Stift bewaffnet, ausgeschickt wurden, um den fairen Wert einer AG zu ermitteln«, bat dich Jack. »Der eine verkörpert den intellektuellen Lehrertyp – perfekt gebügeltes Hemd, messerscharfe Bundfalte, Inhaber aller Masterstudiengänge; der nächste Analyst hingegen wirkt eher wie ein Spaßvogel – cool und lässig, hat zwei Semester seines BWL-Studiums komplett verpennt, die anderen Semester gerade so mit offenen Augen erlebt; zum Schluss der dritte, welcher das ausgewogene Mittelmaß seiner beiden Kollegen darstellt. Kurzum: So unterschiedlich sie auftreten, so unterschiedlich sind die verwendeten Formalsysteme, Ansätze, Herangehensweisen und Gewichtungen, was zu dem Ergebnis führt, dass am Schluss drei unterschiedliche Aussagen zum fairen Wert der Jack AG vorliegen. Der Lehrertyp schreit *Kaufen!*, der Lässige mit den kunstvoll zerzausten Haaren stöhnt *Verkaufen!*, und der unscheinbare Analyst zuckt mit den Schultern und hat überhaupt keine Meinung, da sein Ergebnis mit dem aktuellen Aktienkurs identisch ist.« Die unterschiedlichen, ja mitunter widersprüchlichen Aussagen zum fairen Wert seiner AG, so Jack, lägen klarerweise sowohl in der Berechnungsgrundlage, in dem zur Verfügung stehenden Datenmaterial, in den unterschiedlichen Anschauungen über eine Branche als auch in globalen Zusammenhängen begründet.

Dich führte seine Aussage wieder zurück zur Ausgangsfrage über die Ausrichtungen. »Trotz dieser unterschiedlichen bis widersprüchlichen Aussagen zum fairen Wert einer Aktie werden diese tagtäglich stapelweise auf Papier gedruckt und zigfach über alle möglichen Medien oder aber Foren verbreitet und damit die Leute aufs Glatteis geführt.«

»Gerade der Fakt der unterschiedlichen Aussagen schafft Spielraum für Pluralismus«, nahm Jack das Fazit seiner weiteren Worte vorweg und erklärte dann: »Da wären jene Personen, die solche Analysen mit vor Aufregung zitternden Händen lesen und in Trades umsetzen wollen – beispielsweise solche wie du anfänglich; dann sind da jene Personen fernab des Marktes, die solche Analysen veröffentlichen – schalte den Fernseher ein, schlage eine Zeitung auf; dann sind da noch jene, leider allzu oft vergessenen, Marktteilnehmer, welche fundamentale Untersuchungen in Auftrag geben bzw. mittels riesiger Abteilungen selbst bewerkstelligen – zum Beispiel ich.«

Jack spielte damit auf den Unterschied zwischen dem netten Zweizeiler eines Zeitungs- oder Newsletterredakteurs, also der restlos abgespeckten Version dessen, was ein wahrhaft fundamentaler Analyst darunter versteht, und der gigantischen Researchabteilung seines Büros an.

Um Jacks angesprochenen Pluralismus noch besser zu verdeutlichen, erinnerte Alex zur Freude aller an die *Neue-Markt-Zeiten*. »Das war die Zeit, als Deutschland auf den Straßen tanzte, mit Depotauszügen wedelte und alle nur eine Frage stellten: *WAS soll ich kaufen?*«

Vanessa wusste, worauf Alex hinaus wollte. »Das waren irre Zeiten! Mit großen Hundeaugen wurden die wöchentlichen Börsensendungen geschaut. Jegliche Aktienempfehlungen wurden dem zur Schau gestellten Analysten genauestens von den Lippen abgelesen. Das große Zauberwort hieß: Musterdepot. Die große Zaubertat hieß: nachhandeln. Dass dabei meist Nebenwerte aufgerufen wurden, blieb häufig unbeachtet, wichtig waren Prozentzahlen, am besten in Hunderterschritten. Mit einem Zahnpastalächeln nahm – und ganz Deutschland lauschte hingerissen – Herr Topanalyst die High-Hightech-Aktie in sein Musterdepot; schließlich müsste der Wert laut seinen wochenlangen Analysen eigentlich das Dreifache, der Brisanz seiner Insiderinformation zufolge eigentlich das Fünffache kosten. Was folgte, war zumindest zwei Leuten klar, dem Rest wohl eher nicht: Alex wusste, dass er am nächsten Tag mit Orders – meist *Market* – zugeschüttet werden würde; dem Analysten war klar, dass er in den Stand eines Gurus erhoben werden würde, schließlich – ach, wie konnte er's nur ahnen – sauste die Aktie mit Windeseile in die prophezeite Himmelsrichtung.«

Alex kamen die Tränen vor Lachen. »›*Der Analyst ist gut, seine Analysen sind sorgfältig und seine Insiderinformationen echt insider*‹, konnte man es noch tagelang durch die Straßen hallen hören. Beim darauffolgenden Fernsehauftritt hörte man aus allen Wohnzimmern ein Raunen – *oh Gott, oh Gott* –, der Topanalyst hat neue Infos zu der Aktie, infolge dessen diese aus seinem Depot weichen musste. Zumindest zwei Leute …« Vanessa prostete Alex zu »kannten die Folgen, der Rest hingegen erhob den Analysten zum Mega-Guru-Titan, denn erneut gelang es diesem, im Vorfeld zielsicher die Kursrichtung der nachfolgenden Tage zu analysieren.«

»Genau. Während ich diese Analyse ernsthaft betreibe und betreiben muss, kann diese Analyseform auch zu einem Wegweiser für Massenbewegungen vergewaltigt werden«, fasste Jack zusammen, was du mit einem Kopfschütteln quittiertest. »Glaubst du nicht?« Jack lachte herzhaft. »Mein Junge, stell dir vor, die Typen hätten damals zu den Massen der Anlegewilligen gesagt: ›Ich kaufe, da der vorliegende markttechnisch definierte Trend intakt ist, dieser nun sogar bis zu einem Niveau korrigiert hat, welches einer Fünf-Sterne-Phase entspricht und nun das CRV den Wert über 2 erreicht hat.

Wir warten nur noch auf einen Umkehrstab oder einen beginnenden Trend auf der tieferen Zeiteinheit, auch ein long-Signal eines Indikators wäre jetzt von Vorteil …‹«

»He … Erna, schalt mal um. Die quatschen da irgendwelchen Scheiß. Such mal eine Börsensendung«, vervollständigte Alex Jacks Gag.

»Man muss kein Genie sein, um zu erkennen, dass eine ganze Industrie von der Unwissenheit und von den falschen Fragestellungen der Trading-anfänger lebt. Leute zahlen richtig satt Geld, um ihnen logisch erscheinende Kauf- oder Verkaufsgründe an die Hand zu bekommen; und das umso lieber, je eher deren Nachvollziehbarkeit ihrem eigenen Alltag zu entspringen scheint, also auch ohne Grundkenntnisse übernommen werden kann.«

Während Jack sich noch etwas Wein einschenkte, stellte er für dich eine Anlegerfamilie vor dem Fernseher nach: »XY-Pharma bringen am Montag ein neues Produkt auf den Markt, welches sich nachhaltig positiv auf Umsatz und Gewinn des nächsten Jahres auswirken wird … *Du, Herbert, haste des g'hört? Die ham g'sagt, die mache mehr Plus! Subber, oder? Dann muss die Aktie doch steigen, oder? Wie weit? Na, g'sagt ham's, auf 100. Wo sie steht, willste wissen? Na, bei 33 Euro. Wow, da haste Recht, da kriege mer ja dreimal mehr raus. Was, du willst nur 1.000 Euro nehm? VERDREIFACHEN, hamse g'sagt! V-E-R-D-R-E-I-F-A-C-H-E-N! Subber dann, nehme mehr 5.000. Okay, du bekommst auch´n neues Angelset. Wann? Na, a paar Tag wird's scho dauern. Kannst ja schon mal rüber-laufen und dir 'ne Angelausrüstung bestellen. Bis die da ist, hammer die Kohle, dös neue Zeug kommt schließlich die Woch auf'n Markt. Okay, lauf scho los …*«

Dein Nicken ließ leichte Zustimmung erkennen, als Jack es auf den Punkt brachte. »Die Faszination liegt einzig und allein auf dem prognostizierten und damit greifbaren *Kursziel*. Dieses Kursziel verkörpert einen blinkenden Leuchtturm im tobenden Kursverlauf. Dass damit auch Augenwischerei betrieben wird, muss hier ja nicht weiter erwähnt werden.«

Deinen Einwand, dass die durch Medien oder Musterdepots auf den Trag-pfeilern fundamentaler Daten veröffentlichten Kursziele doch auch den Belas-tungen der Realität standhielten, ließ Jack unbestritten gelten; schließlich weist so manches Musterdepot Renditen auf, welche jeden Trader vor Neid erblassen lassen. Allerdings, und im Gegensatz zu vielen der Neuer-Markt-Partygängern, war Jack deren Herleitung und damit deren Bedeutung klar.

»Was Jack fehlt, ist solch ein mediales Sprachrohr. Hätte er es, wäre es auch ihm vergönnt, ganze Horden von Anlegern zu bewegen«, sagte Vanessa. »Jedem erfahrenen Trader war klar, dass die Rendite zwar echt, deren Begründung aber falsch war. Zum anderen ist so etwas aufgrund der Vielfalt der zur Verfügung stehenden Informationsmöglichkeiten heutzutage nicht mehr so einfach …«

»… es sei denn, es handelt sich um irgendwelchen illiquiden exotischen Drecks-Nebenwerte!«, meldete sich Jack zu Wort und schwärmte davon, dass, wenn es noch mal eine Neue-Markt-Phase gäbe, er dann auch sein – ach so neues – Analysesystem vorstellen würde.

Tim griff den Gedanken sofort auf. »Das Heilige-Gral-Guru-System. *Bitte einfach bestellen und nachhandeln.*«

»Au ja ... könnt ihr da was Bestimmtes empfehlen?«, grübeltest du laut.

Fünf Stöhner waren die Antwort.

Vanessa gab missbilligend dazu: »Das ist doch egal!«

»– Egal? Aber das muss doch Sinn machen.«

»Quatsch, muss es nicht! Was du brauchst, sind nur zwei Sachen: Tausende ahnungslose, aber hungrige Neulinge und illiquide Werte. Nimm wegen mir einen Hamster ...«, entsann Vanessa ein Extrembeispiel.

»H-a-m-s-t-e-r-?-!«

»Ja, das *Hamster*-System. Läuft das niedliche Pelztierchen die Leiter rauf, dann muss laut System die Aktie steigen, rutscht er mit seinem dicken Po die Leiter wieder runter, dann wird die Aktie fallen.« Vanessa war scheinbar in ihrem Element. »Dann noch fix 'ne Kamera auf das Tierchen halten, und ausgestrahlt wird *live* auf einer Website, Werbeeinnahmen inklusive. Fertig ist das *Millionen-Dollar-Hamster-System*. Und damit uns das Tierchen auch schön die Kosten unserer 100-Meter-Jacht einspielt, findet die Übertragung, ohne dass die Zuschauer dies mitgeteilt bekämen, statt *live* tatsächlich mit zehn Minuten Verzögerung statt...«

Du musstest zwar einige Minuten über Vanessas Szenario nachdenken, warst dann aber auch an Bord. Dementsprechend wurde nun klar, dass die *erste Ehe* für den Anfänger nahezu unumgänglich dieselbe war. Das Stellen der falschen Frage »Was soll ich kaufen ...?« wurde hervorgerufen von den vielen unbewusst bis aufgrund bereits geweckten Interesses bewusst aufgenommenen Berichten von Börsen und Börsenhandel und traf auf bewusst gesteuerte Antworten wie »Schau mal, da gibt es so ein Hamster-System, das soll wahnsinnige Renditen ...«. Kein Wunder also, dass die meisten Anfänger hierauf reinfielen, auch wenn das nicht das Geringste mit Jacks wahrer Arbeit zu tun hatte oder damit zusammenhing.

Der Abend ging zu Ende. Während die anderen das Geschirr abräumten, hast du nachdenklich Jacks Flipchart-Beispiele betrachtet. »Das sind nur einige wenige ...«, meinte er und gab dir den Tipp, einfach mal auf einem Blatt Papier die große und auf einem anderen Blatt die kleine Zeiteinheit sowie wahllose Marktverläufe einzuzeichnen und dann den Vergleich der Wertigkeiten zu üben.

»Aber trotzdem kann ich doch noch Minus machen ...«

Jack seufzte theatralisch. »Ach ... warum ist das Trading nicht wie die wirkliche Welt: schön, bunt und gerecht, in Herrlichkeit und Ewigkeit, Amen.«

Dieser Spott ließ dich dein Herz öffnen: »Tatsächlich denke ich manchmal, meine Fehltrades beruhen vielleicht auf einer höheren Ordnung, Ewigkeit oder letzten Gerechtigkeit in einer Sphäre, die irgendwo jenseits von der liegt, die ich mir als Trader erträumt habe.«

»Kein Signal kommt zu dir, klingelt und sagt: *Hallo! Ich bin dein Minus-Trade. Wie hättest du es denn gerne? Roh, durch oder medium?*« Jack schüttelte unwillig seinen Kopf. »Du musst das Ganze stets aus dem Blickwinkel der *Spekulation* betrachten: Wenn der Mediamarkt in der Wüste nun mal plötzlich neben dir aufmacht, dann ist das halt so. Sowohl die Markttechnik als auch anderweitig technisch orientierter Trader, ihr müsst euch nicht für die allumfassende Andersartigkeit der anderen Marktteilnehmer und deren Gedanken entschuldigen ...«

Du hast Jack angestarrt, als wäre er von einem anderen Planet, als er anschließend sagte, dass du es schaffen musst, das Thema *Spekulation* von einem allumfassenden Standpunkt aus und auf freundliche und ausgeglichene Weise zu vertreten. Damit wollte er dir verdeutlichen, dass der gleiche Fünf-Sterne-Trade, unabhängig davon, wo und wie er sich präsentierte, ein Riesenerfolg oder aber ein Desaster werden konnte.

»Ein und derselbe Trade wird vom Markt an dem einen Tag als geniale Tat und an einem anderen als absoluter Bullshit betrachtet.« Jack versuchte dir klarzumachen, dass er sein Geld, wenn er es schon verliere, dann wenigstens im Sand der Wüste versickern und nicht wie bei einer Investition im Eis sich festfrieren sehen wolle. »Gerechtigkeit gibt es nicht für Trades. Man hat es überall im Börsenhandel mit Menschen und deren Orders zu tun und so ist jedes Urteil über eine Chartsituation gleichzeitig immer nur eine *Spekulation*.«

Vanessa nahm dir dein leeres Glas aus der Hand. »Wenn dein Trade innerhalb einer Fünf-Sterne-Wetterlage nicht erfolgreich ist, liegt das nicht an deinem Signal, nicht an deinem Setup, nicht an der Börse und nicht am Finanzminister, sondern nur an den Marktteilnehmern, die diesen Trend getragen haben. Und wenn diese keine Lust mehr auf diesen Trend oder diesen Markt haben, was ja ihr gutes Recht ist, weil sie selbst bestimmen, welche Daseinsberechtigung und Handelsausrichtung ihre Trades besitzen, dann ist eben Schluss-mit-lustig. Man ist halt auch als technisch orientierter Trader, wie alle anderen Trader auch, von der Gnade des Publikums abhängig!«

Jack skizzierte auf einem neuen Flipchartblatt (8) kurz den, wie er es nannte, »Irrtum ersten Ranges«. »Minus machen allein ist nicht das Problem. Minus machen und gleichzeitig *diagonales* Handeln betreiben, das ist schlecht. Auch die besten Händler machen Minus, bleiben jedoch ihrem Setup und den daraus resultierenden Handelsausrichtungen treu.« Philip fiel deutlich auf, dass Jack hierbei den Begriff des Einstiegssignals nicht mehr erwähnte. »Händler, die nach Verlusttrades ihr Regelwerk gegen ein – vermeintlich –

besseres austauschen«, Jack stellte dies gelb hinterlegt dar, »lassen allzu oft sowohl dessen Historie als auch dessen weiteren Verlauf außer Acht.« Jack zeigte auf den nicht erstrebenswerten, diagonalen Handelsverlauf, dessen Resultat in der Summe negativ war. Betrachtete man hingegen jedes Regelwerk für sich, so ergaben diese unterm Strich häufig einen hervorragenden Handelsstil – mal kleine, daher hart begrenzte Verluste, mal kleine, ausgestoppte, mal große, lang laufende Gewinne. »Man wechselt dann, wenn man die Verlusttrades nicht mehr aushält, und vergisst darüber, dass der Wechsel nur ein Trugbild der eigentlichen Lösung widerspiegelt.«

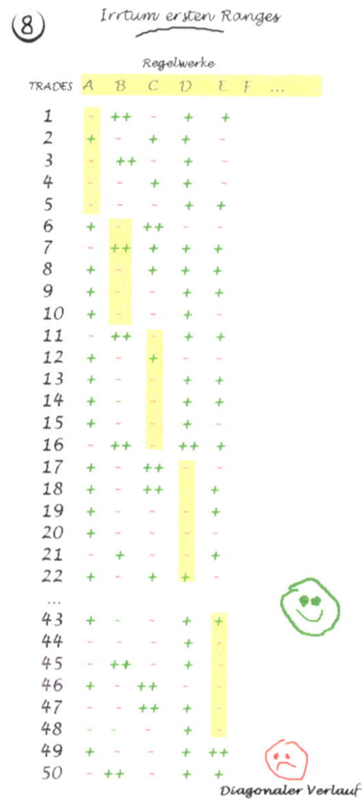

»Und die sieht wie aus?«, fragtest du.

»Die Lösung liegt im Umgang mit den Konto- und den Positionsgrößen sowie den Beträgen, die pro Position riskiert werden. Aber das wird dir Freund Hofner ein anderes Mal noch deutlicher veranschaulichen.«

Ich nickte Jack zu, schließlich wussten wir als erfahrene Trader beide, dass alles Reden über Geld- und Risikomanagement, so lange ein Trader noch kein ausreichendes Verständnis für Fünf-Sterne-Setups und das Schema der diagonalen Tradeverläufe verinnerlicht hatte, lediglich reine Zeitverschwendung darstellte. Uns war natürlich klar, dass du viele deiner Ergebnisse fehlendem Geld- und Risikomanagement unterstellt hast. Dies war ja auch oftmals zutreffend. Aber mal ehrlich gefragt – und ich meine damit *wirklich ehrlich*: Was sollte es nutzen, tiefer in diese wichtige Materie einzudringen, so lange du – dann zwar mit monetär klug verwalteten Trades – noch Kühlschränke in der Antarktis verkaufst?

»Aber erst das eine, dann das andere ...«, fuhr Jack fort. »Wir wollen doch nicht, dass du den Fehler vieler Trader wiederholst, die sich hinter Mathematik und schlauen kleinen Formelchen verschanzen und trotzdem nicht wissen, was der Chart sagt.«

Jack blätterte die Seiten des Flipcharts zurück. »Finde erst mal ein durchdachtes Setup, welches das widerspiegelt, was du dir wert bist und welches zu deinem Handelsstil passt. Denk daran: Setup und Stil sind nicht dasselbe!« Jack betonte dies abschließend nochmals ausdrücklich. »*Setup* ist die Frage: Wüste oder Antarktis. Der *Stil* ist dann *nur* die Detailfrage: Trend-, Bewegungs- oder Ausbruchshandel; natürlich mit deren jeweiligen Besonderheiten.«

Wenige Minuten danach standen wir auf dem Parkplatz. Die untergehende Sonne malte unsere sechs langen Schatten auf den Boden.

Vanessa umarmte dich und gab dir abschließend auf den Weg: »Sieh zu, dass deine Zukunft nicht durch die Übernahme irgendwelchen Mülls in den Sternen stehen bleibt. Du solltest stattdessen versuchen zu verinnerlichen, dass diese Zukunft ausschließlich in dir selbst liegt. Dann nämlich kannst du anfangen, der Angst vor dem Ungewissen mit – nennen wir es mal – selbstbewusstem Mut ins Auge zu blicken: dem Mut, mit allen Überraschungen, welche die Zukunft für einen Trader in petto hat, klug, geschickt und *mannhaft* fertig zu werden.« Nach einem freundlichen Kuss auf deine Wange stieg sie in ihren Wagen.

Anschließend schüttelte dir Tim die Hand. »Glaubst du denn wirklich, dass all die gestrauchelten Kreaturen im Tradinggeschäft nur deswegen so hin und her torkeln, weil der Wind so schnell dreht? Das Komische an dieser Branche ist, dass man für jeden noch so simplen anderen Beruf eine Lehre machen muss, aber in unser Geschäft kommt sogar hinein, wer besoffen aus einer anderen Lehrstelle hinausgeflogen ist. Je voller, desto besser. Da man nicht auf allen Gebieten der King-of-the-Chart sein kann, suchst du dir am besten ein Regelwerk aus, wo du durchblicken willst, und dann gib Gas!«

Vanessas Wagen bog, gefolgt von Tims Fahrzeug, bereits um die Ecke, als sich Alex durch das offene Fenster seines Wagens mit einem letzten Rat von dir verabschiedete. »Also, da der Plustrade nicht zu dir kommt, musst du deinen Hintern eben zum Plustrade hin bewegen. Der Mist ist halt manchmal, dass der Plustrade gerade dabei ist, Kühlschränke im Mediamarkt zu verkaufen und deshalb null Komma null Sekunden Zeit hat, sich um dich zu kümmern. Plustrade in der Wüste heute nur im Mediamarkt, alles andere ist abgesagt. Ist kacke, passiert aber. Du musst rauskriegen, ob du damit leben kannst. Wenn ja – Glückwunsch, dann hast du dir den tollsten Beruf ausgesucht; und musst nur noch zusehen, dass ihn dir kein zu großer Minustrade in der Antarktis wegnimmt.« Alex ließ seinen Motor aufheulen und bog kurz darauf ebenfalls um die Ecke.

Jetzt standen nur noch Jack und ich neben dir und Jack kramte auch bereits nach seinem Autoschlüssel. »Würde mich freuen, junger Mann, wenn wir uns bald mal wiedersehen. Hofner hält mich so lange auf dem Laufenden.« Jack schüttelte kräftig deine Hand und stieg ein. »Reduziere die Markttechnik nicht nur auf eine *Nur-ein-neuer-Teil-der-technischen-Analyse*. Markttechnik ist kein *tolles Geschichtchen* und keine *Ansammlung von Regelwerkchen* – sie spiegelt die dem Zusammenspiel der Börse zugrunde liegende, allumfassende Wahrheit wider. Sie trifft eine Aussage über die Natur der Dinge, die, auf das Wesentliche reduziert, so lautet: Marktteilnehmer mit unterschiedlichen zeitlichen Ausrichtungen – vom Tickhandel bis Methusalem-langfristig reichend – sind draußen unterwegs und treffen sich alle auf ein und demselben Marktplatz – auch Orderbuch genannt –, dessen Aussage nun einmal, simpel ausgedrückt, lautet wie folgt: Angebot und Nachfrage bestimmen den Preis. Die möglichen Ausrichtungen, etwa der vorhin Anwesenden: Spekulativ – du und Hofer, Hedging – Vanessa, Arbitrage – Tim und Strategisch – ich, spielen hierbei keine Rolle. Jedem Kursanstieg und Kursrutsch muss und wird eine Korrektur folgen, schließlich haben Marktteilnehmer mit ihrem Orderverhalten diese Bewegung ausgelöst; wer will es ihnen – oder den bereits investierten Marktteilnehmern – daher verdenken, wenn die ihre Kohle – der eine früher, der andere später – mitnehmen, was wiederum andere Marktteilnehmer zu weiteren Reaktionen veranlasst oder gar zwingt. Schluss, aus und Ende der Durchsage. Das ist alles! Dass ich mir dieses Verhalten grafisch veranschaulichen kann, also anhand eines Charts, ist dabei ohne Belang. Die Markttechnik bedeutet daher *nicht* die missionarische Verkündung neuer Regelwerke. Markttechnik anzuwenden heißt vielmehr, einen Trade sowohl aus Fachwissen heraus in den Markt zu stellen als auch in der Gewissheit …«, Jack schloss die Tür und sprach beim Anfahren durch das geöffnete Fenster weiter, »dass das letzte Urteil der Markt hat ... und das ist das Geile an unserem Beruf; denn: Wir sind S-p-e-k-u-l-a-n-t-e-n!«

Nun standen wir beide allein auf dem Parkplatz. »… Kühlschränke in der Antarktis … wenn du das verstehst, bist du einen großen Schritt weiter.«

»Wie viele Schritte habe ich denn noch vor mir?«

»Na … noch einige kleine.«

»Und welcher ist der letzte Schritt?«

Ich überlegte kurz, denn die Antwort auf deine Frage fasste den Sinn des gesamten heutigen Abends zusammen. Ich stieg ebenfalls in meinen Wagen ein und ließ die Scheibe herunter: »Philip! Ganz gleich, wie ausgeklügelt all unser Chartgefummel ist und wie gut wir die Chancen verstehen und beherrschen … der letzte Schritt besteht darin zu verstehen, dass das letzte Wort stets der *Zufall* hat.« Ich startete den Motor und rief dir im langsamen Anfahren noch zu: »Doch wer oder was ist das, der *Zufall?* ... Mhm ... – Na dann ruf doch mal Jack, Tim und Vanessa an ...«

Liebe Grüße
Hofner

Philip dachte noch ein wenig weiter über die letzten gelesenen Zeilen nach, schmunzelte kurz, da Hofner wie immer das Wesentliche auf den Punkt brachte, und dämmerte dabei in einen ungefähr 250 Kilometer langen leichten Schlaf hinein. Die Kabinenbeleuchtung war ausgeschaltet, als er nach etwa zwanzig Minuten aufwachte. Er schlurfte auf Socken den Gang entlang nach hinten zur Galley, um sich von einer der Stewardessen ein Wasser geben zu lassen. Auf einigen der ausgeklappten Monitore lief der inzwischen sehr bekannte Spot mit Mr. Bean und dem Fotoshooting mit einem dieser englischen Wachmänner. Auf anderen wurden Landkarten mit der aktuellen Position des Jumbos eingespielt. Demnach befanden sie sich gerade irgendwo über dem Indischen Ozean.

Philip schaute aus dem Fenster, als ob er am mittlerweile nächtlichen Himmel die Position kontrollieren könnte. Er nickte. *Position stimmte.*

»Ganz schön lang der Flug, stimmt's?« Philip blieb fast das Herz stehen, als er aufblickte und die attraktive Frau von der anderen Seite des Flugzeugs vor sich stehen sah. Sie lächelte ihn an. Philip nickte und kramte in seinem plötzlich blutleeren Hirn nach einer intelligenten Antwort. Aber da war keine. »Durch die Zeitverschiebung kommt es einem noch viel länger vor«, hörte er sich sagen und ärgerte sich bereits beim Sprechen über diesen Unsinn.

Ihr Lächeln blieb jedoch. »Wenn man mehrmals im Monat hin und her fliegen muss, kommt es einem noch extrem viel länger vor.«

Philip griff das Stichwort sofort auf. »Was machen Sie denn beruflich, dass sie so oft zwischen Deutschland und Asien oder Australien hin und her fliegen müssen?«

»Ich bin Anlageberaterin« Sie hob einen Fuß in die Höhe und lachte.

Och neeee!

Kann sie nicht einfach Krankenschwester, Friseuse oder Lehrerin sein? Ausgerechnet Anlageberaterin!?

Philip seufzte innerlich auf, denn er hielt nicht viel von diesen Leuten, deren Arbeit oftmals darin bestand, möglichst erfinderisch immer neue Wege zu beschreiten, damit ihnen möglichst viele Menschen ihr Vermögen anvertrauten. Seltsam fand Philip bei so manchen dieser Berater immer, dass es anscheinend nicht darauf ankam, was diese für ihre Kunden erreichten. Das war abstrakt, darüber sprach man kaum. Ein Anlageberater wurde meistens danach bewertet, wie viel Vermögen er einsammelte und zu welchen Bedingungen. Über die Performance hatte man als Anlageberater und Verkäufer ja ohnehin keine Kontrolle.

Für mich wäre dieser Job weiß Gott nichts, dachte Philip sich zum wiederholten Mal. Leuten die angeblich besten Schürfrechte im Südkongo oder todsichere Aktienoptionen auf Sägemehl, die gerade große Renditen versprechen und eventuell sogar steuerlich anerkannt werden, anzudrehen … *Nee, nee!*

Er hätte dabei nur allzu oft das Gefühl, dass es eine Überschneidung zwischen dem Wohl des Kunden und seinem eigenen gab, denn wichtig war aus Sicht des Beraters vor allem ein kontinuierlicher Strom neuer Kunden. Zwischen Zahltag und Bewertung zählte lediglich, wie viel Geschäft man brachte, und nicht, ob man seine Kunden zufriedenstellte. Wenig Geschäft bedeutete Scheitern und Entlassung. Die Kunden mussten nach Möglichkeit so reich sein, dass man lediglich darauf achten musste, ihr Vermögen nicht völlig in den Sand zu setzen; das Vermögen zu mehren, war nur der Köder und ansonsten ein oftmals völlig nebensächlicher Gedanke. Kein Anlageberater bekam je Schwierigkeiten, weil er einen Kunden aufgespießt hatte, man bekam jedoch sofort Ärger, wenn man die Lizenz der Firma gefährdete. Wie gesagt, Philip hielt nicht viel von der Arbeit und Arbeitsweise dieser Leute – er hatte so viele dieser schwarzen Schafe kennengelernt –, aber bei dieser lächelnden Grazie vor ihm wollte er sich das nun nicht gerade anmerken lassen.

»Wir haben Top-Anlagemodelle, super Produkte und ein *Wahnsinns-fundamentales-Research*«, begann sie ihr Werbesprüchlein aufzusagen, und Philip bereitete sich innerlich darauf vor, sie mit ein paar ausgefeilten Argumenten schwer zu beeindrucken.

»Nun, ich handle selbst und als Trader arbeite ich weniger mit der fundamentalen Analyse, sondern mehr innerhalb der Technischen Analyse, die im Lager der Markttechnik angesiedelt ist«, entgegnete er, nun ebenfalls lächelnd.

Ihr Lächeln vertiefte sich. »Sie sind Trader? – Wie interessant!« Doch dann schüttelte sie plötzlich den Kopf und wurde schlagartig sehr ernst. »Der Grundsatz unseres Büros lautet Research, Research, Research. Dafür werden extra Leute eingestellt, die wissen, was sie tun. Und die sehen niemals auf die Charts!«

Okay, dachte Philip und räusperte sich. Es war wohl ein Grundzug der Kultur, dass der Mensch dem außerhalb seines eigenen Kreises lebenden Mitmenschen zutiefst misstraute, dass also nicht nur der Fußballspieler den Klavierspieler, sondern scheinbar auch der Fundamentalist den sich zur Technischen Analyse hingezogenen Trader für ein zumindest unbegreifliches, wenn nicht gar minderwertiges Wesen hielt. Schließlich definierte sich ja jedes Ding, sei es eine Börsenanalyse oder eine Sportart, nur durch seine Grenzen und damit durch einen gewissermaßen feindseligen Akt gegen seine Umgebung. Ohne den Papst hätte es keinen Luther gegeben und ohne die Heiden keinen Papst und so weiter und so fort. Das dachte Philip natürlich nicht so ausführlich; aber er kannte diesen Zustand einer ungewissen, atmosphärischen Feindseligkeit, von der die Luft innerhalb einer Tradergemeinde voll war; und wenn sich das einmal plötzlich innerhalb eines Internetforums oder Messegesprächs zusammenzog, um wie Donner und

Blitz auszuschlagen, so war das für so manchen Beteiligten fast schon eine Erleichterung. Aber dieser charmanten Frau würde er auch dies verzeihen.

»Wie oft fliegen Sie denn so hin und her?«, wollte Philip von ihr wissen und dabei ganz geschickt das Thema wechseln. Doch sie ignorierte seine Frage rigoros und sprach unbeirrt weiter.

»Die Börse wird dieses Jahr noch um mindestens 25 Prozent steigen«, sagte sie stattdessen. »Steigen müssen! Die KGVs fast aller Aktien sind wahnsinnig niedrig.« Sie redete wie ein Wasserfall weiter von Produktpositionierung, Dividenden und Rendite, sodass Philip langsam bereute, diese Frau jemals attraktiv gefunden zu haben. Sie hörte einfach nicht auf, aus seiner Sicht oberflächliches, nicht tiefgreifendes Gefasel und von daher Unsinn von sich zu geben. Und das ist definitiv unverzeihlich, selbst bei diesem Lächeln und den auffallend schönen Beinen.

Als Philip sie dann plötzlich sagen hörte: »Sie müssen wissen, ich werde auf eine Hauptversammlung nach der anderen eingeladen …«, musste er grinsen. Als bringe der Besitz von Aktien so etwas wie ein demokratisches Wahlrecht mit sich! Dabei wusste doch jeder, dass Jahreshauptversammlungen ein ziemlicher Witz, ein schmerzhafter Schautag waren, den alle Führungskräfte als komplette Zeitverschwendung ansahen. Mit schöner Regelmäßigkeit ka-men immer dieselben Störenfriede zu den Versammlungen und stellten jedes Jahr erneut dieselben dummen Fragen, die überhaupt nichts mit dem Geschäft zu tun hatten. Alle Angehörigen der Unternehmensleitung verwünschten diese Leute und versuchten, sie wenigstens ein bisschen hochzunehmen für ihre albernen Fragen, aber als Quälerei empfanden sie es trotzdem.

Die junge Lady hatte viel über Aktien gesagt, doch wusste Philip auch nach ihren Ausführungen eigentlich nicht mehr als vorher, sah man davon ab, dass er nun aus erster Hand berichtet bekommen hatte, dass der russische Aktienmarkt unbedingt zu bevorzugen sei und Filmbeteilungen wahnsinnig tolle Steuersparmodelle darstellten.

»Kennen Sie übrigens die Aktie SWIX?«, fragte die Lady. Philip musste passen. Ob sie ihm helfen oder ihn beeindrucken wollte, konnte Philip nicht genau unterscheiden, auf jeden Fall zählte die Grazie ihre zahlreichen Messageboards auf. Orte, an denen sich die Teilnehmer im Internet über Aktien austauschten und aus denen sie unter anderem ihren geheimen Informationsvorsprung bezog.

Na klar!

»Sie kennen doch solche Chatrooms und Foren?«, fragte sie.

»Eher weniger.«

Nach der nun folgenden Deskription der Anlageberaterin uferte das Internet mit den Jahren derart aus, dass die Investoren oder Anleger einfach online gingen und sich in Foren und Chatrooms über Stärken und Schwächen des fraglichen Unternehmens austauschten. Das war an sich auch logisch, denn wie in jedem Business gab es auch in der Börsenbranche einen harten Verdrängungswettbewerb. Der größte Konkurrent war nun mal das Internet, denn dieses Medium ist schnell und brutal. Jede Nachricht donnert in Sekunden um den Erdball; und wenn die Zeitungen am nächsten Tag Geschichten bringen, die das Publikum, sprich die Käufer, schon zwanzig Stunden vorher im Internet gelesen hat, wirkt sich das für die Auflage natürlich nicht gerade förderlich aus. »Deshalb wird der Kampf um diesen geheimen Informationsvorsprung immer härter«, fuhr sie fort. »Die fighten da draußen mit stahlharten Bandagen, und wenn man sich da nicht auskennt, sprich: in Foren stöbert, dann gute Nacht!«

»Gute Nacht, genau!«, benutzte Philip dies als Stichwort. »Klar, es ist unglaublich leicht, über die Charts und Foren herauszufinden, welche Unternehmen an interessanten Dingen arbeiten – vorausgesetzt, man ist bereit, Menschen zu trauen, die Pseudonyme benutzen.«

Während die Frau Philips Einwand ganz und gar nicht teilte und das Chatten sogar als aufregenden Undercovereinsatz verteidigte, argumentierte Philip, dass sich viel zu viele Marktteilnehmer in großer Naivität auf die fundamentale Analyse stützten, obwohl diese für ihren Zeithorizont schlichtweg die falsche Analysemethode war, und dachte an seine gelesenen Zeilen von Hofner und die enthaltenen Aussagen von Jack. Der klassische Fehler lautete: kurzfristig handeln wollen, aber hierzu die langfristigen Analysen zurate ziehen. Er gab zu bedenken, dass in der letzten Zeit viele Chatrooms zu Sündenpfuhlen der Aktienwerbung verkommen waren. Zahlreiche Leute nutzten die Foren nur noch, um Aktien so über den grünen Klee zu loben, dass diese dann stiegen und den Arglosen angedreht werden konnten.

Die Frau wiegelte ab und ließ es sich nicht nehmen, ihr fundamentales Wissen an den Mann zu bringen. »Aber Sie kennen doch sicherlich die Aktie Mesto? – Psst … das ist der volle Geheimtipp!«

– *Okay, dann eben auf die harte Tour.* Philip begrub damit jegliches, wie auch immer geartetes Abenteuer mit dieser Lady und behauptete, obwohl er die Aktie und die Firma, für die sie stand, überhaupt nicht kannte, dass er den Vorstand gut kenne und daher wisse, dass es um die Firma eher schlecht als recht stehe. Damit wollte er zeigen, dass man Vertrauen in diesem Geschäft lieber nicht als Grundlage ansah. Hofner hatte einmal zu Philip gesagt: »Alle werden schwach, wenn ihre Lieblingsaktie fundamental infrage gestellt wird.«

Bingo. Das Lächeln der Frau erstarb, und Philip konnte sehen, wie ihr Vertrauen in diese Aktie entfleuchte wie Luft aus einem angestochenen Luftballon. Die meisten Menschen klappten bei fundamentalen Andeutungen zusammen, wenn man sie auf die *ernsthafte* Probe stellte.

Ohne weitere Details abzufragen und vor lauter Verunsicherung Philip duzend, wollte sie wissen: »Also seid ihr *short* in dieser Aktie?«

Philip zog statt einer Antwort nur seine Augenbrauen hoch, faltete sein Kaugummipapier ein weiteres Mal, obwohl es schon fast wie ein Würfel aussah, und nippte an seinem Wasser.

»Nein?«

Philip schüttelte den Kopf. »Nicht *short.*«

»Nicht? Trotz eures Insiderwissens?«

»Nein, wegen des Charts!«

Sie gab ein kleines, etwas verrücktes Lachen von sich. »Wie, ihr nehmt keine Nachrichten als Grundlage? Aber das geht doch nicht!«

»Warum nicht?«, wollte Philip mit einem Achselzucken wissen. Vor wenigen Minuten hätte er nicht im Traum daran gedacht, dass das passieren könnte, aber jetzt sehnte er sich förmlich nach seinem Platz neben Norbert. Oder einem weiteren langen Gespräch mit Bernd *13*. Obwohl dieser nicht annähernd so gut aussah, egal …

»Na, weil ich das nicht glaube!«

Oje … Da war sie wieder, die typische sinnlose Argumentationskette, die Philip das Leben seit Jahren schwer machte: Man kann etwas nicht machen, weil es nicht geht und weil man das so nicht kennt und außerdem nicht dran glaubt. Diese Einstellung hörte er von Freunden, von seinen Eltern und sogar so manchem anderen Trader … Wenn es nur möglich wäre, würden diese Leutchen sogar für ein Gesetz stimmen, das jeden, der etwas machte, das man nicht machen konnte, weil es echt nicht ging, zu einer Geldstrafe verknackte.

»Ach, Charts und so … alles Papperlapapp! Wissen Sie, was ich mache?«, setzte sein weibliches Gegenüber, Philip nun wieder siezend, das Gespräch fort und zauberte dabei wieder *ihr* Lächeln aufs Gesicht. »Ich lade Sie hiermit ein, mich in meinem Büro zu besuchen! Dort informiere ich Sie über unsere Analysemethoden. Vertrauen Sie uns doch einfach Ihr Geld an, dann müssen Sie nicht mehr tagein, tagaus irgendwelche Charts betrachten.« Sie kramte in ihrer Handtasche nach einer Visitenkarte, fand aber keine. »Ich gebe Ihnen meine Nummer so. Die ist einfach zu merken …«

Noch vor nicht mal einer halben Stunde hätte Philip seine linke Hand verkauft, um die Nummer dieser Frau zu erhalten, aber nun interessierte sie ihn nicht mehr. Es gab Wichtigeres, als zu wissen, wie man diese Frau erreichte. Hatte sie überhaupt eine Ahnung davon, wie viele Zahlen er sich ohnehin schon merken musste? Seine Kontonummern, seine Hausnummer, mindestens zehn Internetpasswörter und dann noch die Telefon- sowie Durchwahlnummern der Büros. *Das waren bereits entschieden zu viel.* Man stelle sich nur mal vor, er würde tatsächlich heute noch seiner Traumfrau begegnen und die würde ihm ihre Telefonnummer geben wollen – und das nicht, um von Aktien zu reden –, und er könnte sich die dann nicht merken, weil die Nummer dieser zwar attraktiven, aber dennoch stupiden Anlageberaterin wertvollen Speicherplatz blockierte … *eine Katastrophe!*

Plötzlich wollte sie Philips angebliche Expertenmeinung zur aktuellen Situation auf verschiedenen Finanzmärkten hören. Philip hatte wirklich keine Meinung dazu: »Weder hatte ich mir die Mühe gemacht, mir eine zu bilden, noch war ich im Geringsten an der langfristigen Marktentwicklung interessiert.«

Die gute Frau zog schweigend ihre perfekt gezupften Augenbrauen hoch und bestürmte ihn weiter mit Fragen zur konjunkturellen Lage und zur amerikanischen Zentralbank. Sie stellte Fragen, die zweifellos darauf abzielten, seine Meinung mit den anderen »Experten« ihres Büros zu vergleichen.

Oh Mann!

Philip machte keinen Hehl daraus, dass er keine detaillierte Meinung besaß, was ihm auch keineswegs leid tat. Gar nicht. Meterlange Berichte zu den Lagen der Finanzmärkte interessierten ihn nicht, sagte er, und: »Ja, sicher bin ich ein Börsenhändler.«

»Geben Sie doch mal paar Prognosen ab …«

Auch dies war Philip nicht willens zu tun. Punkt. Dann erklärte sie ihm einige ihrer Thesen zu den Zinsmärkten und Marktvorhersagen. Sie wollte auch präzise Informationen darüber hören, wie sich die europäischen Rentenmärkte bis Herbst dieses Jahres entwickeln würden.

Philip hielt kurz inne bei dem Gedanken, mit dieser Lady den Rest seines Lebens zu verbringen. Jeden Tag über die Märkte quatschen und das auch noch unter einem offensichtlichen Wettbewerbsdruck. – *Nein danke.* Er gewann den Eindruck, dass sie ihn auf den Arm nehmen wollte – und das zerstörte irgendwie die imaginäre Beziehung zwischen Philip und seiner einst bezaubernden Lady immer mehr.

Plötzlich starrte sie ihn an und beschwerte sich bitterlich: »Wenn ich einem Steuerberater oder Anwalt eine rechtliche Frage stelle, antwortet er mir höflich und präzise. Wenn ich einem Doc eine medizinische Frage stelle, teilt er mir seine Meinung mit. Kein Fachmann bringt mir jemals mangelnden Respekt entgegen. Sie hingegen spielen sich hier auf und weigern sich, mir zu sagen, in welche Richtung sich die Börse bewegen wird!«

Ups.

»Es könnte daher für Sie echt hilfreich sein, wenn Sie bei uns vorbei kommen! U-N-B-E-D-I-N-G-T! Wir haben wahnsinnig renditeträchtige Modelle«, wiederholte die Frau mit ihrem fast schon aufdringlichen Lächeln.

»Danke, aber nein. Ich denke, ich komme auch so gut zurecht.«

»Tzzz ... Das ist aber sehr unklug von Ihnen«, platzte sie heraus und fing erneut an, kein gutes Haar an der Technischen Analyse zu lassen.

Das ging jetzt doch zu weit, Philip hatte die Nase gestrichen voll. Wenn diese Frau alle Trader der Technischen Analysen, vor allem die Intraday-Trader, als Deppen verunglimpfte, die ihre Trades nur durch Zufall bekamen und weil sie Glück hatten, dann – so gab sich Philip der Vermutung hin – sollte sie verbal auch etwas einstecken können und sich zu der Mutmaßung hinreißen lassen, sie könne unter gewissen Umständen eventuell eine erfolglose Händlerin oder Anlageberaterin bleiben, da sie offensichtlich keine Ahnung oder fachliche Toleranz vom Zusammenspiel der unterschiedlichen Handelsausrichtungen Fundamentalanalyse, Arbitrage, Hedging und Technische Analyse hatte. Also teilte ihr Philip freundlich, aber mit bestimmten Worten mit, was er davon hielt, wenn jemand über Dinge urteilt, von denen er scheinbar keine Ahnung hatte. Vor allem, wenn diese in ihrer Überheblichkeit dies auch noch als Gipfel der Weisheit verkauften.

Eine attraktive, aber beleidigte Frau ging zurück zu ihrem Platz und nahm ihr nunmehr eingefrorenes Lächeln, ihre schlanken Beine und ihre nicht ausgesprochene Telefonnummer mit ...

*

Aus der Luft sah Bangkok aus, als habe jemand ein gigantisches buntes Lichternetz über die Stadt geworfen. Schon bald würde sich das Flugzeug durch eine der leuchtenden Maschen mogeln und Philip auf thailändischem Boden absetzen.

Philip nahm seine Einreisepapiere wortlos in Empfang und legte sie beiseite, ohne auch nur einen Blick darauf zu werfen. Die Stewardess ging weiter und stolperte ein wenig, als das Flugzeug ruckelte. Philip schaute an Norbert vorbei durch das kleine Flugzeugfenster und erkannte fast schon einzelne Straßenzüge, die scheinbar planlos und wirr durcheinander liefen. Das ist sie! Die Stadt, in welcher der Wohlstand floriert und das Leben pulsiert. Hier sollte er nun arbeiten und die Jungs beim Handel unterstützen.

Vielleicht fliege ich ja gerade über das Handelsbüro? Oder über mein Hotel?

Während die Stewardessen die Reste des letzten kleinen Snacks vor der Landung einsammelten, waren auch die letzten Fluggäste erwacht: das ältere Ehepaar neben Philip, Bernd *13* vor ihm und die beiden Reisegruppen rechts und links hinter ihm.

Bernd *13* musterte Philip aus großen, vom Schlaf noch ganz verquollenen Augen und fragte kichernd: »Was macht der DAX?«

»Nichts. Aber eure Aktie von heute Morgen ist gerade um 12 Prozent gestiegen!«

Mit einem Ruck setzt sich Bernd *13* auf und stellte seine Sitzlehne senkrecht.

»– Wie bitte?? Warum denn das?«

Stille.

»Moment ... Du hast doch hier nirgends Internet?!«

Philip grinste, und sagte nichts. Die Anschnallzeichen leuchteten auf. Der Flug ging nun definitiv seinem Ende entgegen.

Als sich der Flieger aus den ewig sonnenverwöhnten Höhen oberhalb der Zehntausendmetergrenze in den leicht diesigen Himmel herabsenkte, konnte Philip abermals einen Blick auf die Küste Thailands werfen. Es dauerte noch einmal gut zwanzig Minuten, bis der Jumbo schließlich zum Landeanflug auf den New Bangkok International Airport, einem der modernsten Flughafen Asiens, aufsetzte. Das Rumpeln des Fahrwerks auf der Piste signalisierte: Die Erde hatte Philip wieder. Danach begann der lange Weg zurück, den die Maschine auf der Parallelbahn zum Abfertigungsgebäude holperte. Die Durchsage, dass alle Passagiere auf ihren Plätzen bleiben sollten, bis das Flugzeug am Extender zum Stehen gekommene sei, trieb einige Übereifrige wieder in ihre Sitze zurück. Dies und die Wartezeit nach dem Boarden bis zum Start sind die Teile des Fluges, die am meisten an den Nerven zehren. Man ist schon weg, aber doch nicht ganz, und dann ist man schon da, aber auch noch nicht ganz.

»Gibst du mir noch einen Tipp?«, bat Bernd *13*. »Ich habe noch *so eine Aktie* im Depot und weiß nicht, was ich damit machen soll.«

»Tut mir leid, aber ich kann dir beim besten Willen nicht sagen, was du machen sollst, auch wenn dich das jetzt frustriert. Erstens ist das ganz allein deine Entscheidung, nicht meine. Ein Grund dafür, dass du mit dem Handel angefangen hast, war ja wohl der, dass du selbst Entscheidungen treffen wolltest. Und genau das musst du lernen: deinem eigenen Urteil zu vertrauen. Zweitens habe ich null Einblick in dein Regelwerk, sofern du eines hast. Wenn ich nicht weiß, warum, wie und wann du rein bist, wie soll ich dann entscheiden, ob die Ausgangslage für den Trade noch Bestand hat? Ich kann dir nur raten, dich auf deinen eigenen Anteil an deinem Trading zu konzentrieren. Kurse können wir nicht ändern. Auf deine Gefühle, dein Verhalten kommt es an!«

Bernd *13* schaute etwas verdutzt drein.

Philip wurde deutlicher »Es sind weder die Ideen, Regelwerke noch Sichtweisen oder gar die Instrumente, die im Handel wirklich zählen. Wenn Händler am Ende eines Handelstags die Stunden zusammenfassen, woran erinnern sie sich dann? Niemals an die Regelwerke – sondern stets an die

Emotionen, an ihre persönliche Beziehung zum Markt. Und wenn ich mal raten darf, trifft das auch auf dich zu!«

Wenige Minuten später strömten die Passagiere aus der Maschine. Am Gepäckband trafen sich alle ein letztes Mal.

Philips großer blauer Koffer drehte schon seine Runden. Im Gewühl hielt er nach bekannten Gesichtern Ausschau. *Hey, ist das nicht …? Tatsächlich*! Ja, das war die süße Anlageberaterin! Als sich ihre Blicke kreuzten, suchte sie blitzartig das Weite. Und dann erspähte er auch schon Bernd *13*, der aufgeregt mit den Armen fuchtelte. »Hier sind wir, Philip!«

Philip ging zu den dreien hinüber. So viel Zeit musste noch sein. Der Habs-doch-gewusst-Astrologe telefonierte aufgeregt. Bernd *-L-* erklärte ihm, dass die Aktie während des Fluges tatsächlich gestiegen sei, wenn auch *nur* um neun Prozent. Ihr Optionsschein honorierte diesen Anstieg mit 35 %igem Kursverlust.

– *Eieiei!*

Bernd *13* bedauerte es tatsächlich, dass er Philip nicht schon viel früher kennengelernt hatte, und die Zeit im Flieger war ihm sprichwörtlich »wie im Fluge« vergangen. Während der Diskussion mit Philip hatte er sich lebendig gefühlt. Er fühlte sich verstanden und seine Gedanken in Worte gefasst. Dann fiel ihm ein, was Philip über das gesagt hatte, was man ist, was man hat und was man für andere darstellt. Die Zeit bewegte sich rasend schnell – und mit ihr die Ansichten eines Traders. Die Gedanken rund um den eigenen Handel bewegten sich so schnell wie ein Reitkamel; jeden Tag. Man wusste als Anfänger bloß nicht, wohin sie sich bewegten, konnte noch nicht recht unterscheiden, was oben und unten war, was vor- und zurückging.

»Man kann tun, was man will«, hatte Hofner irgendwann einmal achselzuckend zu Philip gesagt, »es kommt in diesem Gefilz von Marktkräften nicht im Geringsten darauf an! Wichtig ist und bleibt nur eins: Du handelst mit *deinem* nur zu dir passenden Stil *wiederholbar* und deshalb *beständig* und achtest immer schön darauf, keine Kühlschränke in der Antarktis zu verkaufen.« Man konnte es drehen und wenden, wie man wollte – der alte Fuchs hatte einfach Recht.

Fröhlich pfeifend schnappte sich Philip einen Gepäckwagen, lud seinen Koffer darauf, winkte seinen Reisegefährten noch einmal kurz zu und verließ den Flughafen voller Vorfreude und gespannt auf das, was ihn in den nächsten Wochen in Bangkok erwarten würde.

Am Ausgang drehte er sich noch mal zu Norbert, den Bernds, dem Astrologen, dem älteren Ehepaar und der jungen Lady um. Ihre Wege führten meistens hin *und* zurück. Das Datum und die Uhrzeit auf dem Rückflugticket gaben – anders als beim Trading – Sicherheit, sich nicht bewähren zu müssen. Ein Überleben war nicht notwendig. Sieben Menschen kamen an – sieben Menschen flogen ab. Stets war das Gleichgewicht gewahrt, die Stadt unverändert. Und umgekehrt?

ERLÄUTERUNGEN

… Handelsausrichtungen: Trend | Bewegung | Ausbruch
Eine der wichtigsten Erkenntnisse im Leben eines Traders ist, dass jeder Verlust wie auch jeder Gewinn bei einer Position nur durch den richtigen bzw. falschen Ausstieg, sprich: durch die richtige oder falsche Stoppsetzung, entsteht. Eines der großen Probleme eines Tradinganfängers ist, dass er nach dem Ein- und dem Ausstieg den weiteren Chartverlauf beobachtet und sich dann immer ärgert, dass er, bezogen auf den weiteren Kursverlauf, den Stopp wieder total falsch gesetzt hat. Um nicht diesem Irrtum der falschen Stoppsetzung zu unterliegen bzw. um dieses Risiko zu mindern, muss sich ein Trader über das seinem Handel zugrunde liegende Ziel klar werden: Erst wenn er dieses klar definiert hat, also wenn er sich im Klaren ist, ob er seinem Trade den Trend, die Bewegung oder nur den Ausbruch zugrunde legt, kann er die wichtige und vor allem richtige Entscheidung treffen, wie mit den Stopps bei Positionseröffnung sowie im weiteren Verlauf dieses Trades zu verfahren ist. Da jedoch viele Tradinganfänger wenig Kenntnisse über den Trendaufbau besitzen und sich allein aus diesem Grund über ihre Zielbestimmung im Unklaren sein müssen, machen sie bei den Stopps so viele Fehler. Was ist die Folge? Sie setzen die Stopps oft wahllos und der aktuellen Chartsituation unangemessen.

Stellen wir uns folgende Ausgangsposition, wie in Bild 1a dargestellt, vor: Im beobachteten Markt ist ein 1-2-3 vorhanden und der aktuelle Kurs steht gerade am *Punkt* 2.

Bild 1a

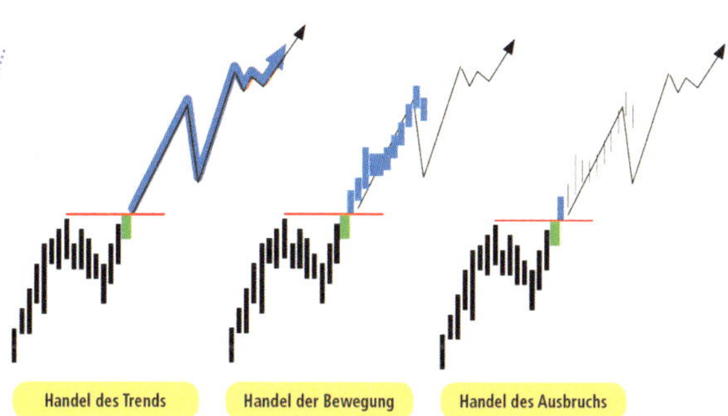

Bild 1b

Dem Trader ist klar, dass sich unabhängig von der aktuellen Situation im Chart, dem gewünschten oder erwarteten bzw. gewählten Einstiegssignal sowie der zur Betrachtung gewählten Zeiteinheit ein Trend stets aus einer *Bewegung* und einer *Korrektur* aufbaut. Es stellt sich nun allerdings die Frage, was der Trader mit diesem Wissen anfangen und wie er die Kenntnisse vom Trendaufbau umsetzen bzw. gewinnbringend anwenden kann. Dies geschieht nur über die Zielfeststellung bzw. Zielausrichtung. Beim markttechnisch orientierten Trading dürfen das grobe Tradingziel und die Tradingausrichtung nie verwechselt werden. Erst wenn sich der Trader der drei Möglichkeiten, Bild 1b, fachlich bewusst ist und diese vor dem Trade definiert bzw. sich für eine der drei Möglichkeiten entschieden hat, kommt im weiteren Chart- und Handelsverlauf keine mentale Entscheidungsunsicherheit mehr auf.

Die genauen Details zu den drei Handelsausrichtungen sind nachzulesen im Fachbuch »Das Große Buch der Markttechnik« auf Seite 215 ff.

... Bewegung und Korrektur verlaufen unterschiedlich

Die Markttechnik lässt eine wichtige Erkenntnis zu: Wenn wir einen Chart etwas genauer betrachten, erkennen wir, dass ein Candlestick- oder Bar-Chart in saubere und unsaubere Abschnitte unterteilt werden kann, denn die Bars unterscheiden sich in ihrer Form und Lage untereinander. Bild 2 stellt zur besseren Kenntlichmachung ein Schema mit farblicher Ansicht der Unterschiede dar.

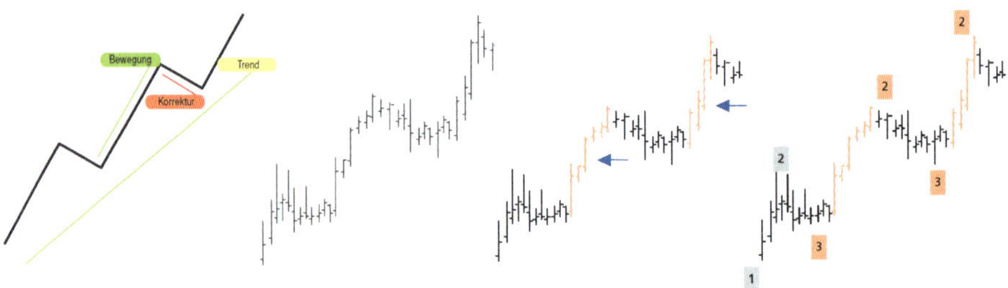

Bild 2

Es wird uns generell auffallen, dass es Phasen gibt, in denen die Bars durch ihre Größe und Deutlichkeit klar hervorstechen. Diese Bars sind meistens in der Anzahl sehr gering. Diese wenigen Bars erreichen einen hohen Punkteverlauf. Wenn wir diese Beobachtung auf die Punktezählung übertragen, stellen wir fest, dass die schnellsten und saubersten Bewegungen vom letzten *Punkt 3* zum neuen *Punkt 2* stattfinden. Es entsteht ein hohes Momentum. Hingegen sind die Verläufe vom *Punkt 2* zum neuen *Punkt 3* immer durch unsaubere Bars, viele Dojis und ständige Richtungswechsel geprägt.

Detailliert nachzulesen im Fachbuch »Das Große Buch der Markttechnik« auf Seite 160 ff.

Hinweise zu verwendeten Daten und Charts

Alle in diesem Buch verwendeten Charts und Kurse sind dem Profi-Tool HTX der Firma ViTrade AG entnommen:

ViTrade ist exklusives Brokerage für den aktiven Anleger. Mit maßgeschneiderten Konditionen, schnellen, innovativen und flexiblen Plattformen und individuellen Tools. Dazu erstklassiger und persönlicher Service für den erfolgreichen Handel von Aktien (weltweit), CFDs, Futures, Derivaten, Devisen, Anleihen und Fonds. Alles aus einer Hand und zu fairen Preisen.

ViTrade HTX ist ein leistungsfähiges Trading-Tool mit Click-Trading und Multi-Exchange-Access, fairen und attraktiven Konditionen und umfassenden Sicherheitskomponenten. Integrierter Handel auf XETRA®, an allen regionalen deutschen Börsen, an der EUREX® und mit CFDs. Außerbörslicher Handel bei mehr als 20 ausgewählten Emittenten sowie Intraday- und Overnight-Short-Selling.
Ausgerüstet ist das HTX mit gängigen Chartanalyse-Tools, mit denen der Heavy Trader stets am Puls des Marktes agiert. Weitere Details zum HTX Trading-Tool finden Sie unter www.vitrade.de und www.htx.de.

ViTrade AG
Joachimstaler Straße 12
D - 10719 Berlin

Kostenfreie Hotline:
Tel.: 0800 - 333 2001 aus dem Inland
Tel.: +49 30 - 233 666 33 aus dem Ausland
E-Mail: interessenten@vitrade.de

Wissen Sie: In der Branche gibt es einen Begriff, den des Quartalskunden. Damit ist jener Kunde gemeint, der nach Ablauf von drei Monaten sein Konto beerdigt.

Wäre doch klasse, wenn sich so mancher Leser bis zum Lesen des nächsten Bandes nicht nur vornimmt, noch dabei zu sein, sondern sich mit nachfolgenden Fragen beschäftigt!

Ich, Trader ....,
stelle mir folgende Fragen:

Wen oder was sehe ich, wenn ich mein Spiegelbild am Handelsmonitor sehe?

....

....

....

....

Welchen genialen Satz (das Trading betreffend) hätte ich gern formuliert?

....

....

....

....

Möchte ich mal in einem Börsen-Werbespot vorkommen?
Wenn ja, an welcher Stelle?

....

....

....

....

Was denke ich über die Behauptung: »Ohne Leiden bildet sich kein Charakter?«

....

....

....

....

Die große
markttechnisch
orientierte Buchreihe,
elegant geschrieben von
Michael Voigt, im
Gesamtüberblick …

Das große Buch der Markttechnik

ISBN-13: 978-3898-79125-0

Dieses 700-seitige Standardwerk beschreibt weniger einer neues Genre als vielmehr eine andere Art des Sehens. Das Genre an sich existiert bereits. Schon seit Jahren, Jahrzehnten. Unter verschiedenen Namen wie Kursentstehung, Zeiteinheiten, Orderlage und Trendaufbau wird seit Bestand der Börse die Entstehung von Bewegung und Korrekturen ausgeführt und als Markttechnik klassifiziert. Dem Autor geht es nicht nur um die der genannten Aspekte, vielmehr beschreibt er darüber hinaus den Börsenhandel so, wie er ist: Ein dynamisches Konzept mit dem Ziel, den eigenen Stil zu finden.

Aufbauend auf *Das große Buch der Markttechnik* hat Michael Voigt, loyal gegenüber objektiver Wahrnehmung und allgegenwärtiger Lesbarkeit der Charts, den darauf aufbauenden, achtteiligen Buchband DER HÄNDLER niedergeschrieben. Die Buchreihe hält dem Leser einen Spiegel vor, ohne ihm neue Regelwerke zu diktieren. In den Bänden gibt es keinen dominierenden Horizont, der ein allgemeingültiges Regelwerk betont, auf die üblichen Phrasen über Börsenpsychologie wird verzichtet. Vielmehr findet der Leser eine genaue Beschreibung seelischer und geistiger Vorgänge von Händlern vor allem aus pragmatischer Sicht, als erhabenes, bezeichnendes Moment. Eine Vielzahl praktischer Verweise auf Lösungen und tiefgründige Überlegungen erheben die dem *Das große Buch der Markttechnik* folgende Buchreihe zum unverzichtbaren Kompendium für das große Spiel der Spiele.

Schlimmer als ein normaler Langstreckenflug

ist ein Langestreckenflug mit nervigen Nachbarn,

und noch schlimmer ist ein Langstreckenflug, auf dem es nur ein Thema gibt: TRADING

DER HÄNDLER BAND 2

ISBN: 978-3941-57701-5

»Lieber einen Monat in der Hölle, als einen Tag Trader zu sein.«

Behandelt ausführlich folgende Themen:

- Marktphasenbestimmung
- Wertigkeiten von Signalen
- Handelspsychologie

Fälschlicherweise glauben viele Trader allzu oft, dass die klassischen Signale der Technischen Analyse bereits eine Wertigkeit beinhalteten; und darüber hinaus wird dann der Sinn einer »Spekulation« oft komplett missverstanden ...

Die **Börse** macht auch, was sie will,
Null **Erziehung**, null **Verständnis** für den Trader.
Läuft in Richtungen, in die sie nicht laufen soll,
und **dreht an Stellen,**
an denen sie nicht drehen soll –
und das alles, ohne zu fragen!
Das reinste **Irrenhaus**
für den **Praktikanten Stan.**

DER HÄNDLER BAND 3

ISBN: 978-3941-57702-2

»Zurückhaltung ist der bessere Teil von Tapferkeit.«

Behandelt ausführlich folgende Themen:
- Optische Fehlerquellen und deren Vermeidung
- Fehlverhalten in der Anwendung von Zeiteinheiten
- Handelspsychologie

Man kann es als Händler nicht immer vermeiden, dass der Marktverlauf einen hin und wieder zum »Idioten« macht, doch kann man seine ausgestoppten Trades auf Gebiete beschränken, in denen sie ein gewisses Maß an geschmackvoller Befriedigung, fernab optischer Täuschungen und Fehlanwendungen der Zeiteinheiten schenken ...

Was bist du bereit,

für den **großen Traum**

Börsenhandel **zu geben –**

und **welcher Preis** ist zu **hoch,**

dass er **nicht** bezahlt werden darf**?**

Voraussichtlicher Erscheinungstermin: 1. Quartal 2011

DER HÄNDLER BAND 6

ISBN: 978-3941-57705-03

»PS: Was ist Lust und was ist Pflicht?«

Behandelt ausführlich folgende Themen:

- Deckungsgleichheit von Absicht und Verhalten
- Wieviel ist zuviel?
- Wieviel Marktbewegung braucht ein Trader wirklich?
- Handelspsychologie

Von seinem persönlichen Zweck, weshalb man das Leben als Trader erstrebenswert hält, zu reden, beweist noch lange nicht, auch für diesen Zweck fähig zu sein.

ISBN 978-3-941577-06-0
ISBN 978-3-941577-07-7